Sí Podemos:
La Guia Latina Para que Usted Pueda Preparar a sus Hijos para que Vayan a la Universidad

por
Florentino Elicegui, Jr.
y
Yusuf Jah

Contribución and Traducción por
Lileana Elicegui

Y & G
COMMUNICATIONS
Beverly Hills, CA

Para información, por favor contacte:
Y & G Communications, LLC
311 N. Robertson Blvd., Suite #510
Beverly Hills, CA 90211

Aunque el autor y el editor han hecho todo esfuerzo para asegurar la exactitud y para completar el informe del contenido en este libro, no asumimos ninguna responsibilidad de errores, inexactitudes, omisiones, o de ninguna inconsistencia adjunto.cualquier similitud de personas, lugares, o organizaciones no son intencionales.

Primero publicación 2005

ISBN # 0-9749484-0-3
Library of Congress Control Number: 2004116872

ATENCIÓN CORPORACIONES, ORGANIZACIONES EDUCATIVAS Y PROFESIONALALES: Hay descuentos de disponibles en compras de grandes de este libro con el propósito educativos, de regalo, o bien como un premio. Para la información, por favor contactese en la dirección ante dicha.

Dedicación

Este libro esta dedicado a nuestros hijos — todos, si los hemos enseñados en nuestras salas de clase o no, quieren tienen sueños de algun dia ir a la universidad y de ser triunfadores en la vida.¡Nosotros creemos que ustedes pueden!¡Sabemos que ustedes pueden! Sigan persistiendo. SI PODEMOS.

Para nuestros padres, Florentino Elicegui, Sr., Lileana Elicegui, Joseph W. Eure, y Maxine Eure. ¡Gracias por todo! Sus sacrificios han dado resultado. Ahora es nuestro turno de ayudar a otros como ustedes nos han ayudado a nosotros.

Y para todos los padres que se esfuerzan y se sacrifican para realizar sus sueños y los sueños de sus hijos.
SI PODEMOS.

A mis niños, Ah'Keyah y Aakeem, Baba ha hecho esto para ustedes. Pápa los ama. Espero que si les guste.

Reconocimientos

Nosotros queremos reconocer a los siguientes miembros de Berendo College Club quienes asistieron con la investigación y recopilación todas las becas disponibles para los estudiantes Latinos.

Maria Huerta
Heidi Garcia
Erika Luis
Ruth Vargas
Bielena Reyes

Nosotros tambien queremos agradecer a los otros miembros del College/Career Club quienes participarón (lavando carros, ventas de caramelos) para ayudarnos a hacer nuestro viaje de excursion una realidad.

Tambien quisiéramos dar gracias especialmente a Lileana Elicegui, que contribuyó inmeasurablemente traduciendo el libro en español, y por su intuición y dirección en el desarrollo de esta importante publicación. Agradecemos tambien Alejandro Valadez, Johanna Rosa y Elke Zambrano que copero con la traducción adicional.

Gracias a Janette Stevens, Mayra Gomez, Melanie De La Cruz, Michelle Ortiz, Roger Negroe, Merrell Frankel, Saul Molina, Pedro Sanchez, Simone Benoit, Rafael Ramirez, Sylvia Renteria, Prof. Jaclyn Rodroguez, Prof. Stuart Rugg, Prof. Jennifer Quinn, Prof. Salvador Fernandez, Prof. Ronald Solorzano, Dean Ayala, Joseph Martinez, William Noe Vela (Oxy '95), Yolanda, Justo, Conrad, Juan, Tony de Clancy's, Mr. Coray, Fr. Travers, y todos maestros de St. Ambrose, Our Lady of the Assumption and Damien High School.

Contenido

INTRODUCCIÓN

 ace dos años cuando comenzamos a juntar las ideas para este libro lo queriamos diseñar para que sea un esfurzo puro y honesto que pueda ofrecer información fundemental sobre el sistema de educación público en los Estados Unidos que creeriamos podría ser práctico y útil para padres latinos. Sin embargo, en años pasados varios reportes y sus conclusiones han sido publicadas, en realidad, una crisis nacional sobre el índice de rezagarse o finalización de la escuela secundaria para la juventud latina, afroamericana, y indios (americanos), por eso es críticamente importante la diseminación de esta información a los padres latinos con las revisiones que se han hecho para conferirle poder cuando lo lea. Nosotros mantenemos un discurso sobre mitos, preguntas, y preocupaciónes que hemos encontrado durante nuestra experencia, sobre diez años, enseñando estudiantes predominante Latinos en las escuelas públicas de Los Angeles, California. También, este libro incluye información que usted

podrá usar para que pueda invertir las tremendas estadísticas sobre la juventud latina.

Para que este libro sea útil para usted, tiene que creer— ¡No, tiene que saber que sus hijos pueden ir a la universidad! Como padres, tienen que comprender que es su responsibilidad primaria que sus hijos entren a la universidad, este libro proveerá consejos que le ayúdararia a usted, y a sus hijos, a realizar su potencial académico para que su familia. Sueñe en mandar a sus hijos a la universidad para continuar los estudios escolares mas alla de la secundaria. Para los que no tengan idea sobre el sistema de educación estaduni y como preparar sus hijos, quizas porque no fue a la universidad, este libro, si decide usar la información ayudara a usted y a su familia superar ese obstáculo.

Cuando comenzamos la investigación para el libro se hizo evidente que el libro sera el primer, si no el unico libro, que habla sobre los temas especificos como las necesidades de la comunidad latina. Ahora, la comunidad latina está experimentando una moda de crecimiento combinada con un porcentaje desproporcionado de estudiantes latinos que dejan de ir a la secundaria. Este punto lo desarollan en el artículo

"Perdiendo Nuestros Jovenes: Como la Joventud de una Minoría se esta dejando atrasar por el Crisis de la Velocidad para Graduación" que fue publicada por el Proyecto de los Derechos Civiles en la Universidad de Harvard. Este reporte revela, "Para los latinos, predominante, que en los distritos escolares de Nueva York y Houston los porcentajes de graduación son 38% y 40%..." Y luego referente a un estudio de la universidad de John Hopkins que reporta, " en escuelas donde 90% o más de los estudiantes en la escuela son de color, solamente 42% de todos los estudiantes en el 9 grado avanzan al 12 grado.

Debo decirles que cuando uso las palabras 'latino' o 'hispano' estos son términos amplios que **TIENE QUE SABER QUE SUS HIJOS PUEDEN IR A LA UNIVERSIDAD!... ES SU RESPONSABILIDAD PRIMORDÍAL ASEGURARSE DE QUE ESTO SI SUCEDA!** se refieren a todos aquellos que vienen de diferentes países de Latino America como México, Puerto Rico, República Dominicana, Cuba, de America Central, (El Salvador, Nicaragua, Guatemala, etc.). Algunos de estos países, como decir Cuba y algunos otros, mantienen un porcentaje alto entre

9

los más elevados de el país de jovenes que llegan a terminar la preparatoria y que son aceptados en la universidad. Si usted se encuentra entre esos grupos de familias donde sus hijos no tienen que batallar con el sistema educativo, quizás entonces no todo lo que digo aquí le apliqué a usted, pero confió en que de cualquier manera lo encontrará de gran ayuda para su familia. Esta información esta dirigida a esas familias que estan batallando por no tener la información necesaria y que necesitan de una guía para ayudar a sus hijos a sobresalir en sus estudios.

Mi interés en escribir este libro y toda la información acumulada que usted encontrará en estas páginas son muy personal. Como maestro de matemáticas en una escuela predominantemente latina (97%) en la ciudad urbana de Los Angeles, confronto cada día las verdaderas condiciones de el sistema educativo de las escuelas públicas y de sus inadecuencias. Aparte de eso, soy hijo de inmigrantes que llegaron a este país muchos años atrás con apenas una poca educación elemental y conociendo poco o quizás nada acerca del sistema educativo de este país. Así que ellos hicieron lo mismo que hacen muchos padres latinos recien llegados a este país, creen y hacen cualquier cosa que les digan los maestros de sus hijos al cien por ciento. Afortunadamente para mi, mis padres pudieron registrarme en una escuela parroquial la cual tiene una excelente reputación educativa. El asístir a dicha escuela con tan buena reputación por su buena enseñanza académica y su inscripción de graduados, en contraste con las escuelas públicas del vecindario donde yo vivía, yo diría que yo tuve suerte. Con suerte porque nadie en mi familia sabía cuales eran los pasós a seguir para que al terminar el high school yo pudiera asístir a la universidad, algo que en mi casa era considerado esencial. Así que no me quedó más remedio que prestar atención a lo que hacían mis compañeros de clase y trataba de hacer lo que ellos hacían. Afortunadamente, la mayoría de mis compañeros tenían padres que fueron a la universidad y que sabían bien lo que se tenía que hacer y como guíar a sus hijos para que estos pudieran competir y que estuvieran bien preparados en el proceso de admisión a la universidad. Aparte de eso, nuestros maestros al no tener las clases congestionadas de estudiantes, ellos estaban siempre dispuestos a contestar nuestras preguntas y para ayudarnos en todo lo referente a las universidades.

11

Una de las mayores razones porque yo pude asístir a la universidad fue debido a que la preparatoria establecida preparar a sus estudiantes para que estos puedan asístir a la universidad. Casí todos mis compañeros de clase eran material de universidad, asi que yo no pensaba fallar. Cuando ellos se registraron para tomar los examenes académicos que eran necesarios para la admisión a la universidad (PSAT, SAT, AP) yo los segui a ellos porque yo no sabía de ninguno de los requisitos que se debían seguir, así que yo también me regristaba para cualquier examen que ellos se registraran. Cuando ellos se registraban para tomar clases avanzadas, yo también me registraba. Lo que yo hacía era lo natural, yo seguía y hacía lo que mis compañeros hacían, y eso es exactamente lo que los jovenes continúan haciendo hoy día. Ellos siguen y hacen lo que sus amigos y compañeros hacen. El problema es que muchas escuelas de algunas áreas no estan designadas ni estructuradas para preparar y guíar a sus estudiantes en todo lo que es requerido para asistir al college o universidad.

Según las estadísticas, "en las escuelas donde 90% o más de los estudiantes matriculados fueron de color, solamente

42% de todos los estudiantes de 9 grado avanzaron a el 12 grado."

La mayoría de las escuelas en ciudades de pobreza son diseñadas para que los estudiantes obtengan su bachiller, pero no se le dirigen para continuar a la universidad. Cuando examinamos las escuelas con los porcentajes altos de reprueba, es evidente que algo no esta trabajando bien.

Si miran a la diez grandes ciudades con una populación latina, y las enfrentan con las figuras de los distritos escolares de el reportaje "Perdiendo Nuestro Futuro" el caso que este libro enfoca se ve claro.

Ciudad	Distrito Escolar	Porcentage de Graduación
Los Angeles	LAUSD	40.2%
Nueva York	NYC	30.1%
Miami	Dade Co.	52.8%
Chicago	Ciudad de Chicago	50.8%
San Francisco	San Francisco USD	48.4%
Oakland	Oakland USD	35.4%
Houston	Houston ISD	34.7%
Dallas	Dallas ISD	45.8%
Ft. Worth	Ft. Worth ISD	35.4%
San Antonio	San Antonio ISD	51.7%
San Diego	San Diego USD	47%

Los cuatro estados donde estan los porcentajes más bajos para los estudiantes latinos son Nueva York (31.9%), Massachusetts (36.1%), Michigan (36.3%), y Iowa (40.5%). No importa como nota los numeros, demasiados estudiantes latinos no estan terminando la secundaria.

Si sus hijos hacen solamente lo que se "supone" que ellos deben hacer o lo que se requiere que ellos hagan para graduarse, o peor aún, si sus hijos tratan de hacer lo que sus compañeros o amigos hacen, posiblemente ellos no tendrán los creditos necesarios o no tendrán los grados lo suficientemente altos con el promedio que les permita alcanzar el grado requerido para ser aceptados en la universidad. El haberse graduado de high school no quiere decir que han completado todos los requisitos necesarios para ser aceptados en la universidad. La mayor diferencia entre muchos de los estudiantes de las áreas en donde las escuelas siempre estan sobre cargadas con demásiados estudiantes y los estudiantes que van a escuelas como la que yo fuí es que la mentalidad de los estudiantes fue educada a pensar en la universidad como algo lógico para ellos. El porcentaje de los que nos graduamos ese año de mi high school y que fuímos a la universidad fue arriba del 90 porciento. En mi escuela la estructura y el sistema fueron designados para que el estudiante aspirará a más, mientras que en muchas de las áreas urbanas donde se encuentra una gran populacíon de latinos, incluyendo Los Angeles, New York, Chicago, Houston, San Antonio, y Miami, las escuelas se encuentran sobre cargadas de estudiantes y no pueden funcionar debidamente asi que ellos tienen un enfoque y metas diferentes al de las escuelas más afortunadas, el de batallar constantemente para conseguir que los estudiantes se graduen.

Me he encontrado con muchos padres que se sienten perdidos tratando de figurar como funciona el sistema educaciónal americano. Por lo tanto, muchos padres latinos ponen un cien por

SI SUS HIJOS HACEN SOLAMENTE LO QUE SE "SUPONE" QUE ELLOS...NO TENDRÁN LOS GRADOS LO SUFICIENTEMENTE ALTOS CON EL PROMEDÍO QUE LES PERMITA ALCANZAR EL GRADO

ciento de fe y confianza en los maestros y en el sistema escolar de que estos prepararan apropiadamente a sus hijos. En realidad, yo pienso que en general el padre latino pone demásiada fe en los maestros y los administradores de las escuelas. Yo espero que esta guía les dará el poder de no tener que depender tanto de los maestros o de las escuelas para saber que es lo mejor y lo más conveniente para el interés y futuro de sus hijos. Ustedes tienen que comprender que ahora más que nunca tienen que envolverse y deben ser la fuerza mayor que empuje a sus hijos. Si usted espera que el sistema educativo lo haga, eso no va a suceder. La escuela sola no lo puede hacer todo. Parte de el problema es que las escuelas estan demásiado sobrecargadas y que por lo tanto es muy fácil para que cualquier estudiante pueda pasar inadvertido sin que se llegue a notar que él se está quedando atrás porque no ha pedido ayuda o porque no se le pudo ayudar. Hasta un buen estudiante puede y pasa muchas veces inadvertido.

Nuestro trabajo como maestros sería mucho más fácil si pudieramos entrar a la sala de clase de estudiantes energeticos, motivados, e inspirados, y que estuvieran hambrientos de aprender, aún cuando la clase estuviera sobre cargada con 30 o 40 estudiantes. Más es triste tener que reconocer que esa no es la realidad. En mis conversaciones con otros maestros se siente un nivel de frustración porque muchos de nuestros estudiantes no aspiran ir a la universidad y demuestran estar desinterésados en aprender. Para mi las razones son obvias, en realidad yo no los culpo a ellos por no querer ir a la universidad. Siendo que ellos y quizás nadie en sus familias nunca han tenido la experiencia de visitar ningun universidad, es fácil para ellos el no desear algo que no conocen y que no es común para ellos. Este es un ejemplo que quizás les ayude a entender lo que quiero decir, yo no tengo un Mercedes Benz, pero no me importa el no tenerlo. Más adelante si llegará hacer mucho dinero quizás quiera comprarme uno. Pero no me hace falta ni me importa el no tenerlo ahora porque no lo he tenido nunca ni se

TIENEN QUE ENTENDE QUE USTEDES NECESITAN INVOLUCRARSE HOY MÁS QUE NUNCA. SI ESTAN ESPERANDO LA ESCUELA QUE LO HAGA, ESO NO VA A PASAR.

lo que se siente al tenerlo. Por lo tanto no me molesta el no tenerlo. En cambio si alguien se llevara mi carro eso si me afectaría tremendamente porque ya he experimentado y gozado la conveniencia que significa el tener un carro. Pienso que eso mismo es lo que sucede con nuestros jovenes. Muchos de los padres de ellos no fueron a la universidad y quizás sus hermanos han abandonado la preparatoria. Por lo tanto ellos no han experimentado en sus familias el gozo, el orgullo, y todas las grandes oportunidades que se ofrece cuando se va a la universidad.

Esa es la mayor razón por la cual yo participo voluntariamente como consejero en el Club de Carreras/College, en el cual llevamos a los estudiantes a visitar diferentes colleges y universidades. Yo quiero que los estudiantes vean los recintos universitarios, más yo quiero que ellos hagan más que ver los campos, yo trato siempre de arreglar las visitas para que los estudiantes puedan tomar una clase con algun profesor. Yo quiero que ellos experimenten lo que es un universidad o por lo menos tanto como sea posible a la edad de ellos, en caso que si más adelante ellos decidierán no ir a la universidad, quiero que recuerden esa visita y lo que sintieron ese día. Espero que les duela un poco y quizás deseen cambiar su decisión. Obviamente que visitar la universidad por un día no es suficiente, pero quizás esta corta visita, aúnque sea tan corta sea lo bastante para que no desechen tan rapidamente su interés en ir a la universidad.

Una de las cosas que me gusta más acerca de estas excursiones que hemos hecho es cuando después el joven viene a mi y dice "No me gustaría ir a ese college porque es muy pequeño." Eso me gusta porque entonces sé que el estudiante fue afectado de alguna manera por esa visita a la universidad. Me siento contento cuando ellos dicen algo como "Occidental College no es el más adecuado para mi." La realidad de que estos jovenes esten desde ahora pensando "Me gustaría más Loyola o UCLA que Occidental." Me gusta ver que la mentalidad de ellos se abra a otras opciónes. Que ellos pueden verse asi mismos en una universidad, y que ahora esto puede ser una meta para ellos.

Cuando les pregunto a los estudiantes de el Club College/ Career, o a los estudiantes a los cuales enseño matemáticas quienes de sus padres quieren que ellos vayan a la universidad, y prácticamente todos levantan sus manos. Seguidamente les preguntó, que cuantos de sus padres fueron a la universidad y uno o dos levantan su mano. Encuentro que hay una gran diferencia entre los deseos de los padres de ver a sus hijos ir a la universidad, los deseos de el estudiante de entrar a la universidad, aúnque sea solo para complacer a sus padres, y la poca información y preparación que el estudiante tiene y que lo ayudaría a él o ella a poder entrar a la universidad. En mi opinión personal la diferencia entre el número de los que desean ir a la universidad, y esos que en realidad lo hacen, resultan en gran parte a la fe que el padre latino y los estudiantes ponen en los maestros y el sistema educaciónal. Erroneamente ellos creen que si van a la escuela y tienen buenas notas, piensan que la escuela se asegurará de que todo este arreglado para ellos y esten listos para ir a la universidad. Eso es una equivocación que los estudiantes y sus padres tienen siempre.

Mis padres fueron de la misma manera. Ellos pensaban que todo lo que mis maestros les decían era lo correcto. Cualquier consejo que mis maestros les daban, ellos trataban de seguirlos, aún cuando no estuvieran completamente de acuerdo. Un ejemplo de esto es que cuando yo fuí por primera vez a la escuela a la edad de cuatro años, mis padres no sabían aún que yo era completamente sordo de un oído. Debido a esto el desarrollo de mi vocabulario fue lento y como era natural al llegar por primera vez a una escuela en la cual yo era uno de los pocos niños de habla española, la comúnicación con mis maestros y compañeros fue muy dificultosa para mi. Mis padres fueron informados por mi maestra del problema

20

y les dijo que yo debía de hablar solamente en inglés y que ellos no debían de hablarme en sus idíomas ya que el tratar de hablar en tres idíomás me tenía confundido. La lengua de mi padre es el vasco y la de mi madre el español y en ese tiempo apenas si entendían y hablaban algo de inglés. Sin embargo ellos decidieron seguir las instrucciones de mi maestra, y mi padre trato de no hablarme en vasco y mi madre trato de no hablarme en español. Me hablaban como podían con el poco inglés que sabían y me hicieron hablar siempre en inglés. Hoy día mi lengua predominante es el inglés y es en la que yo me siento más confortable cuando hablo. Sin embargo hoy día ellos comprenden la gran equivocación que fue el haber seguido las instrucciones que aquella maestra mía les dío. Se sienten como si hubieran traicionado su raza y sus raices. Sus amistades siempre les preguntan el porque de que no me hayan enseñado vasco o español. Más a ellos lo que más les duele es que sienten que me negaron a mi la oportunidad de que hoy día yo pudiera dominar tres idíomás. El punto de todo esto es que hoy día tal como en el pasado los padres se confian en que ellos solo tienen que mandar a sus hijos a la escuela y que la escuela solucionará todo cuanto

21

sea necesario resolver para que los estudiante puedan graduarse y que asi mismo puedan después ir a una universidad. Esto lo hacen más que nada porque piensan que los educadores lo saben todo y esto es debido a la fe que depositan en el sistema educativo. Eso es lo que yo he observado muchas veces, pues cuando yo les doy algun consejo al padre de alguno de mis estudiante, ellos simplemente hacen lo que yo les digo. No me preguntan el porque lo que yo digo es lo correcto. Me contestan que si quizás solo para callarme la boca, o bien simplemente hacen lo que yo les sugiero sin hacer ninguna pregunta. Aceptan lo que yo digo como si tal yo supiera más que ellos porque quizás en los países de los cuales muchos de ustedes vienen los padres demuestran un gran respeto a los maestros de sus hijos. La escuela en la cual yo enseño tiene una gran populacíon de estudiantes Centroamericanos y Mexicanos y ese mismo respeto se hace evidente en muchos de los padres de mis estudiantes. El respeto es muy importante entre padres y maestros, pero si se exajera demásiado a veces eso puede ser contraproducente.

Cuando yo les preguntó a mi estudiantes que cuantos de

ellos han hablado con algun consejero de la escuela acerca de lo que se requiere para ir al college, de 35 estudiantes quizás uno de ellos levante la mano. Lo triste de esto es que esos estudiantes son de la clase avanzada, asi que se imagina usted cuantos podrán levantar la mano en la clase de 'English Language' (ESL). No importa cuanto el consejero este dispuesto a ayudar a los estudiantes, ellos están sobre cargados de trabajo con tantisimos estudiantes, los cuales tienen problema de disciplina, que simplemente les es imposible a ellos poder ayudar a los estudiantes que deberían estar preparandose en todo lo que es lo académico y ayudandoles a que encuentren y se preparén para que alcancen sus metas educaciónales. Dado pues a la gran magnitud de los problemás de disciplina que existe en las escuelas, los consejeros no tienen el tiempo requerido para asístir a las necesidades de esos estudiantes que sí desean sobresalir y que son estudíosos. Los consejeros hacen lo que pueden para ayudar en las necesidades más importantes de la escuela, y obviamente los estudiantes con problemás de disciplina absorben casi por completo el tiempo de ellos y de los maestros. No se puede estar pensando en lo que será mejor para ese excelente estudiante como es Manuel Lopez. Se hace aquello que es más necesario, tanto los maestros, las classes, o programas son dirigidos a aquello que sea lo más necesario.

Mi esperanza es de que esta guía le sea práctica a usted y le ayude a ayudar a sus hijos o hijas en como prepararse para ir a la universidad.

Yo personalmente quiero agradecerles en nombre de nuestros estudiantes el que usted decidiera comprar este libro.

Una gran porcion de esta edición "Si Podemos: La Guía Latina Para que usted Pueda Preparar a sus hijos para que Vayan a la Universidad" será destinada para llevar a un grupo de estudiantes latinos de Berendo Middle School, en la cual yo soy un maestro, a visitar varios colleges exclusivos del Norte de California. Les invitamos a que nos den sus opiniones, que nos hagan cualquier pregunta, o nos digan cualquier duda que ustedes tengan. Trataremos de tocar esos temás en futuras ediciones de este trabajo. Simplemente escribanos a:

Y& G Communications
311 N. Robertson Blvd. #510
Beverly Hills, CA 90211

Mitos #1

"Yo no tengo tiempo."

Cada padre que conozco es capáz de entregar su propia vida por salvar la vida de sus hijos.

Lo que tienen que realizar como padres es cuando ustedes rechazan darle esa media hora o hora a sus hijos para ayudar con su educación, estan afectando negativamente la calidad de sus vidas en el futuro.

Muchos padres latinos se expresan deciendo que no tienen el tiempo para ayudar a sus hijos con sus tareas escolares y menos aún el poder ir a hablar con los maestros porque ellos tienen que trabajar largas horas y que por lo tanto no les alcanza el tiempo. Lamento sonar un tanto brusco, más para mi *eso no es más que una excusa!* Todo el mundo reconoce que el padre latino es un grupo muy trabajador, y que muchos dado a su estado inmigratorio son empleados en trabajos que pagan muy poco, y por lo tanto se ven forzados a trabajar largas horas para poder salir adelante. Más como padre, usted necesita demostrarle a sus hijos de que usted esta dispuesto o dispuesta a hacer cualquier sacrificio que sea necesario, sin importar que tan difícil estan las cosas o que tan cansados se encuentren, y que haran lo que sea necesario para asegurarse de que ellos, sus hijos, puedan llegar a tener una buena educación y por lo tanto un mejor futuro. Pues no hay ninguna duda de que cualquier joven puede llegar muy lejos, tan lejos como él o ella se lo proponga, tan lejos como sus padres esten dispuestos a empujarlos y tan lejos como ellos y ustedes esten dispuestos a sacrificarse para llegar. De otra manera sus hijos repetirán el mismo ciclo de ustedes el de trabajar largas horas ganando los salarios más bajos, trabajando solamente para ir pasando la vida cada día. Si sus hijos ven que la actitud de ustedes es siempre de "estoy muy cansada" o bien "estoy muy ocupado" y de que usted no esta dispuesto a sacrificarse para demostrarle a ellos lo sumamente importante que es el que ellos se eduquen bien, entonces ellos también tomarán la misma actitud y no le darán ninguna importancia al estudío ni al querer salir adelante. Si el joven no ve que sus padres se sacrifican para darles a ellos una educación, o que no ven su novela favorita para ir a hablar con la maestra de su hija, entonces tampoco el joven va a sacrificar su programa de televisión favorito, o va a dejar de jugar su video favorito para estudiar, pues nadie en su hogar le da importancia al estudio de ese hijo o hija. Si como padre usted no está dispuesto a sacrificarse, pues de ninguna manera se puede esperar que sus hijos puedan estar dispuestos a sacrificarse a algo que en su casa no le dan ninguna importancia.

En los años que llevo enseñando he tenido un número de estudiantes que me han dicho que a sus padres no les importa nada. Usualmente cuando alguien me dice eso, yo trato de comúnicarme con los padres de ellos para ver si es cierto lo que el estudiante me ha dicho. Casí siempre, el hecho no es que al padre no le importe nada, en realidad en la mayoría de los casos los padres a los cuales he hablado si les importa. Lo que pasa es que todo viene a concluir en que ellos trabajan mucho y no les queda el tiempo para poder envolverse en las cosas de sus hijos y menos aún hacer cosas como es el revisar las tareas de ellos. Cuando los hijos ven que sus padres no se envuelven en las cosas de la escuela, ellos piensan que a sus padres simplemente no les importa su educación.

No basta con tan sólo decirles a sus hijos lo que tienen que hacer, si no que es muy importante para ellos que se les demuestre con acciones y con ejemplos lo que se quiera que ellos hagan o que lleguen a hacer. Existe mucha competición por la atención de los jovenes; cienes de canales de televisión, sistemás de juegos de videos realisticos que les permiten a ellos jugar contra sus amigos, la internet, videos músicales, hay distracciones más que suficientes para los jovenes que están creciendo en la sociedad de hoy día. Usted tiene que ser un modelo para su hijo y demostrar con su actitud la actitud que usted quiera que sus hijos tengan. Si usted quiere que ellos se enfoquen en sus tareas, enfoquece usted en sus tareas, si puede trate de sentarse o pararse cerca de donde están ellos haciendo su trabajo escolar, asi que aunque quizás usted no entienda el trabajo que ellos están haciendo, ellos se van a sentir bien de que por lo menos usted lo está intentando y de que usted esta al tanto de lo que ellos están haciendo. Si usted quiere que ellos no hablen por teléfono con sus amigos en ese momento, demuestrele a ellos que usted también renuncia a ver su novela favorita y que está dispuesta a apagar la televisión para que el pueda tener la tranquilidad y silencio necesario para que el/ella pueda hacer un mejor trabajo. No importan tanto las palabras que usted les diga a ellos, lo más importante para ellos es lo que ellos observan en usted. Si ustedes estan

SI SUS HIJOS VEN QUE LA ACTITUD DE USTEDES ES SIEMPRE DE "ESTOY MUY CANSADA" O BIEN "ESTOY MUY OCUPADO"... ENTONCES ELLOS TAMBIÉN TOMARÁN LA MISMA ACTITUD Y NO LE DARÁN NINGUNA IMPORTANCIA AL ESTUDIO NI AL SALIR ADELANTE.

dispuestos a hacer sacrificios adiciónales cuando vienen de sus trabajos sin importar que tan cansados están, o si tuvieron un día muy malo, eso es lo que sus hijos van a observar y será lo que aprenderán de ustedes en una forma positiva.

Sus hijos necesitan sentir la presencia de ustedes en sus vidas. Ellos necesitan sentir que son importantes para ustedes, que ustedes quieren que ellos tengan éxito en la vida, que ustedes sueñan y desean que ellos vayan a la universidad. Mi definición de que les hagan sentir lo importantes que ellos son para ustedes se extiende más alla de comprarles zapatos silenciosos, juegos, o cualquier otra cosa material. Muchos de ustedes trabajan tremendamente duro para proveer para las necesidades materiales de sus hijos. Aveces el resultado de trabajar tan duro es que los hijos llegan a tener una mala actitud a causa de que si bien es cierto que tienen cosas materiales, quizás no han tenido lo que ellos más desean, a sus padres más constante en sus vidas. La mayoría de los niños prefieren la presencia de sus padres y la calidad de tiempo que pasan con ellos a que todas las cosas materiales que se les pueda dar. Pretender reponer el tiempo que no se les da con cosas materiales resulta en un arreglo que dura muy poco y que no llena el vacío que ellos sienten.

El mejor ejemplo que yo les puedo dar es el que me dio mi padre. Durante mi niñez, mi padre nos llevaba a la biblioteca o a cualquier lugar que tenia relación con nuestra educación. Si yo queria participar en algun equipo de deportes en la escuela, y el tenia que recojerme a las ocho o nueve de la noche, apesar que tenia que levantarse para ir a trabajar a las 4 de la mañana, mis padres hicieron ese sacrificio. Esos sacrificios claramente significan que mi educación era más importante que cualquier cosa. Acuerdense, relajo y descanso no son más importante que sus hijos.

SI COMO PADRE USTED NO ESTA DISPUESTO A SACRIFICARSE, PUES DE NINGUNA MANERA SE PUEDE ESPERAR QUE SUS HIJOS PUEDAN ESTAR DISPUESTOS A SACRIFICARSE A ALGO QUE EN SU CASA NO LE DAN NINGUNA IMPORTANCIA.

Mitos #2

"La escuela le ofrece todo a mi hija."

 n punto culminante en la introdución del libro, el sistema de escuelas públicas, especialmente en las ciudades grandes, donde hay una concentración grande de minorías, estan repruebando drástico. Mi punto de vista es que no tiene razón mandar a sus hijos a escuelas públicas que estan reprobando grandes cantidades de estudiantes y esperar que por solamente mandar a sus hijos a la escuela todo va a resultar bien. Este punto de vista no solamente es de las escuelas que reprueban estudiantes, pero también es ejemplo de los padres reprobando. Piensenlo un minuto. ¿Mandara a sus hijos a la escuela con una persona que a tenido varios accidentes que han resultado

en fracasos: Posiblemente no. ¿Quizas mandara usted a sus hijos a que le hagan una operación en un hospital donde mitad de los pacientes sobreviven solamente? ¡Probablemente no! Tuviera que encontrar un hospital que tiene un mejor historial de éxito. Espero que haga lo mismo con la escuela

DECIDA A HACER UNA CITA CON EL CONSEJERO DE SU HIJO O HIJA PARA QUE PUEDAN DISCUTIR ESPECÍFICAMENTE LOS PLANES Y METAS EDUCACIONALES DE SUS HIJOS.

de sus hijos, y si no puede matricularlos en una escuela mejor, encargese de ser activo en la escuela para saber el acontecimiento de sus hijos. Vaya a la escuela de sus hijos, llame a los consejeros de sus hijos, si es posible haga algo más que llevar a sus hijos a la escuela.

Eso me recueda de un dicho de Albert Einstein, "locura es hacer la misma cosa con expectación de resultados diferentes cada vez." Algunos de ustedes han tenido más que un hijo en la misma escuela, con los mismos maestros, y el mismo enfoque de llevar a los hijos a la escuela solamente, los resultados han visto reprueban, sobre reprueba.

Entendiendo si la escula tiene un buen trabajo, pero si no estan trabajando las cosas, actualmente si las cosas estan reprobando miserable, por favor no dejen que eso occura. Vamos a suponer que sus hijos no pueden entender el material y reprueban la secudaria. Si usted acepta eso, es lo que va ocurrir con sus hijos. Hagase el interesado, tome clases de padres, no deje de trabajar con sus hijos – para su futuro.

Una de las ideas falsas que muchos padres latinos tienen sobre las escuelas es que van a protegerlos y dirigirlos en la dirección apropiada. Si las escuelas y clases no estuvieran sobre pobladas, quizas seriá verdad, sin embargo, en demasiadas escuelas por todo el país, la proporcion de estudiantes a consejeros esta muy alto que no es práctico o realistico que la escuela le dé la atención personal que sus hijos necesitan. Algunas veces los consejeros en vez de dar información acerca de carreras, universidades, y ayuda financiera, los consejeros pierden tiempo con casos de disciplina.

El trabajo del consejero en las escuelas primarias y secundarias es crucial, pueden hacer mucha diferencia si sus hijos se pueden graduar y estan preparados para asistir la universidad. Una breve descripción para los consejeros en

'as primarias y secudarias es:

'ndaria

ɔs promueven y expanden el desarrollo

'onal, social, y desarrollo de la carrera de

e Texas

odos los   `s.

entarios,

studiantes y   'as de escuela-a-carrera usando

acerca de la   reer Information System,

rsos designados   'file Planner/Planning

ón más avanzada,

ayuda financiera.'

ejeros de secundaria

sus padres durante el   'paratoria y

o referiendose a: 'n.

el programa recomendado

os más avanzados.

ar cursos de preparación para

.ifo

<u>Preparatoria</u> (incluye los puntos anotados arriba y incluye también los siguientes)

• Asístir a los estudiantes con el desarrollo de un pla[educacional de cuatro años.

• Proveen con información para becas.

La realidad es de que en años recientes el estado d[ha pasado unas cuantas leyes que requiere que [consejeros de las escuelas en los niveles ele[intermedío, y secundaria a que "aconsejen a los [a sus padres, o al encargado de el estudiant[importancia de la educación avanzada, de cu[a preparar a los estudiantes para una educaci[de la disponibilidad y requerimientos de l[Adicionalmente, se requiere que los con[provean información al estudiante y [primer año escolar y del último curs[

• Las ventajas de completar [de la preparataria o bien[

• Las desaventajas de tom[

recibir una equivalencia de secundaria.

- Instrucciones en como aplicar para ayuda financiera federal.

- La eligibilidad y requerimientos de desempeño académico para el Grant Texas, y la admisión automática de estudiantes que se graduan con un grado de punto promedío encima de el diez por ciento de la clase graduada.

La única razón por la cual un estado pasaría una ley como esa es porque realizaron que en la mayoría de los casos no se estaba haciendo. Texas no es el único estado que aprecia **USTEDES LOS PADRES TIENEN QUE PRESTAR MÁS ATENCIÓN A LAS NESECIDADES DE SUS HIJOS. NO ESPERE QUE EL CONSEJERO O ALGUIEN EN LA ESCUELA LO HAGA POR USTED.** el valor y la importancia del trabajo que hace el consejero en la escuela. Las responsabilidades de los consejeros en todo el país son similares, solamente que las responsabilidades y deberes de este trabajo son tan solo una pequeña parte del trabajo que el consejero de la escuela tiene que hacer. Dado al ambiente que existe en muchas escuelas, muchos consejeros

bien intencionados no pueden pasar ni cerca del tiempo que

ellos desearían pasar en estas actividades importantes, porque

siempren están preocupados con el gran número de casos de

conducta que enfrentan constantemente

¿Que pueden hacer si los consejeros en la escuela de sus

hijos no ayudan a sus hijos? Ayude a sus hijos usted mismo,

estos son algunos consejos.

En el capítulo anterior hablamos sobre las cosas que puede

hacer usted como pradre y ser parte de los éxitos academicos

de sus hijos. El capítulo 4 continúa esta discusión.

En términos sobre el desarollo social, ayude a sus hijos

que se ralacionen con actividades extracurricular en la escuela.

Las actividades extracurricular tienen varios beneficios. Por

ejemplo, las universidades buscan individuales equilibrados

para sus escuelas, y las actividades extracurricular pueden

ayudar en esto.

Actividades extracurriculares son una excelente manera

de completar la educacion del estudiante. Segundamente,

muchas veces el entrenador o maestro encargado de la

actividad, va a tomar un interés especial en los niños del equipo o del club. Ellos se interesan mas en éxito academico del niño/a porque malas calificaciones pueden perjudicar la participación con el grupo o equipo. Para muchos niños el empuje extra de un maestro o entrenador quien se ocupa de ellos es suficiente para que ellos sobrepasen las partes dificiles que enfrentaran en el futuro. Finalmente, el tipo de estudiante que se compromete suficiente para permanecer a un equipo o en un club, van a practicas o reuniones y continuan manteniendo buenos grados para seguir con la actividad, es mas probable el tipo de niño que usted quiere que su hijo este asociado. Las practicas y reuniones mantienen a su hijo/a envueltos en algo positivo y con gente que usted conoce, opuesto a que esten en las calles haciendo quien sabe que.

Para ayudar a proveer una guia de escuela a carrera para sus hijos, el mejor lugar que usted puede llevarlos es el Centro de Carreras en la libreria publica mas cercana de su casa. Hay todo tipo de libros y recursos gratis disponibles para gente joven en la libreria. Algunos de los libros de referencia mas comprensivos y populares que usted puede usar para sus hijos son:

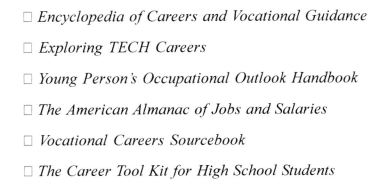

☐ *Encyclopedia of Careers and Vocational Guidance*

☐ *Exploring TECH Careers*

☐ *Young Person's Occupational Outlook Handbook*

☐ *The American Almanac of Jobs and Salaries*

☐ *Vocational Careers Sourcebook*

☐ *The Career Tool Kit for High School Students*

Tambien hay disponible acesso gratis a la red de internet en la libreria, donde usted y su niño pueden investigar mas información especifica de otras carreras en particular. Un sitio en la internet que puede ser muy provechoso es America's Career Infonet (www.acinet.org), donde usted puede explorar varias carreras e industrias, ver gente real haciendo trabajo verdadero en videos de carrera, enterarse del los requerimientos educacionales para varias ocupaciones, enterarse si califica para ayuda financiera, como aplicar para obtenerla y mucho más.

Por lo tanto los padres no tienen que asumir que las escuelas van a hacer todo para que sus hijos tengan éxito, ni tampoco usted deberia darse porvencido y quejarse que los consejeros de la escuela no le estan ayudando a hablar sobre las opciónes de carrera y educacionales de su hijo/a, usted tiene que poner mas atencion a las necesidades.

Usted es la mejor persona para ayudar a sus hijos, no estoy diciendo que necesitan ser expertos sobre toda la información de la secudaria y universidades, pero como ya conoce la información que los consejeros escolares necesitan saber, hagan una cita con el consejero para que hablen sobre las metas educativas de sus hijos y como superarlas. Por ejemplo, escuelas especiales secundarias, el proceso de aplicación (cubriremos esto en el capítulo siguiente), admisión a la universidad y requisitos para la ayuda financiera, y becas. Estoy seguro que los consejeros le daran la bienvenida a la oportunidad de verlos, pero usted tendra que hacer el primer paso de iniciar la cita.

Otro recurso útil que puede usar para ayudar a sus hijos sobre consejos de carreras es la página de la Asociación de Consejeros de Escuelas Americanas que esta en la red mundial ela dirección www.schoolcounselor.org donde le ofrecen información en las sección "para padres" que incluye ejemplos para hacer su hogar un ambiente de apoyo para sus hijos, también modos para ayudar a sus hijos prepararse para la

41

primaria o secundaria, cosas positivas que pueden hacer con sus hijos durante vacaciones, finalmente ayuda para que sus hijos puedan prepararse para las metas del futuro. En la sección que discute su ayuda y las carreras de sus hijos ofrecen los siguientes consejos:

- Ánimar buen trabajo y hábitos en el hogar.
- Gradualmente agregue más responsibilidades para sus hijos.
- El esfuerzo y la experiencia es más importante que la calidad.
- No le de trabajos a sus hijos basados en el sexo de sus hijos para evitar estereotipos.
- Enseñe varios trabajadores en su comunidad.
- Participe en el programa de educación de carreras en la escuela de sus hijos.

Grados 7 al 8

- Hablar de la habilidad de sus hijos, interés y metas para planear para el futuro.

• Ánime la participación en actividades de servicios en la comunidad.

• Ayude a sus hijos encontrarse con una variedad de trabajadores, por disponerlos a observar deferentes trabajos.

• Dejar que sus hijos tengan un trabajo de medio tiempo fuera del hogar.

Secundaria

• Ayude a sus hijos que hagan decisiones independientes.

• Ánime la exploración de diferentes tipos de oportunidades educativas después de la secundaria.

• Ayude con el planeo de el futuro de sus hijos.

• Dar ciertas responsibilidades económicas.

• Ánime conciencia de trabajos.

• Ser flexible con las decisiones y el progreso. Todo nesecita paciencia y un poco de modificación.

43

• • • • • • • • • • • • • Mitos #3

"Los estudiantes reciben el mismo tipo de educación en todas las escuelas"

lgunos padres quizás se preguntaran porque este libro empieza con lo que se debe de hacer cuando aún se está en la escuela intermedia. La realidad es que dado que la calidad de educación que los estudiantes reciben no es la misma en todas las escuelas.

Por ejemplo, uso las figuras de graduación de tres secundarias donde la mayoía de los estudiantes asistieron después de graduarse de la primaria donde yo enseño. De las tres escuelas, según el estudio de "Perdiendo Nuestro Futuro," solamente 37% se graduara, otra escuela tiene 33%, y la última tiene 32%. ¿Si usted tendría sus hijo en una de las primarias que van a una de estas tres secundarias estuviera enojado usted? Voy a usar el porcentaje de éxito de las preparatarias avanzadas para ilustrar el punto de mi argumento.

En el distrito escolar de Los Angeles hay escuelas de "magnet" que son consideradas más avanzadas que las escuelas públicas. Alrededor del país quizas le llamen por otro nombre, pero de hecho son escuelas con varias especializaciónes. Algunas veces estas escuelas funcionan separadas de las escuelas regulares y otras veces el programa magnet funciona dentro de las misma escuelas regulares cuando estas son más grandes. Se les llama escuela imán porque atraen a estudiantes que tienen interéses similares. La filosofía detras del programa de las escuelas imán fue originalmente para enfrentar los efectos de "descriminaciones pasadas" y para desegregar las escuelas, en una forma voluntaria. En otras palabras era una escuela donde estudiantes de diferentes razas o de diferentes áreas de una ciudad podían escoger el asistir a una escuela en particular, usualmente debido al enfoque educacional de la escuela. Por

45

todo el país hay escuelas imán que se especializan en una gran variedad de materias incluyendo leyes, gráficas de computadoras, contabilidad, preingeniería, artes, ciencias de computadora, aviación/aereoespacial, música electronica, matemáticas, bancainternaciónal, comercio, medicina, ciencias y tecnología. De acuerdo a uno de los cuerpos de organización de las escuelas imán, Magnet Schools of America, han descubierto:

1. Que no todos los estudiantes aprenden de la misma manera;

2. Que si se toma ventaja del interés y aptitud del estudiante, ese estudiante funcionará mejor en las materias sin relación a sus razones por las que escogio la escuela;

3. La selección por si misma resultará en una mejor sastifacción que se traducirá en mejores logros;

4. Que cada estudiante puede aprender y que es nuestro trabajo el ofrecer suficientes opciónes para que los padres de los estudiantes, o el estudiante mismo, tengan la oportunidad de escoger los programas que sean más apropiados para ellos.

Las escuelas imán pueden dar ciertas ventajas más que las escuelas regulares a muchos estudiantes, especialmente en lo que se refiere a la admisión a universidades competitivas. Algunas escuelas imán tienen excelente reputación con universidades muy selectivas, y el solo hecho de que un estudiante sea graduado de alguno de estos programa imán aumenta sus probabilidades de poder ser aceptado en dichas universidade.

Una de las escuelas a la cual yo siempre trato de que apliquen la mayoría de mis mejores estudiantes, o tantos como sean posible, es John H. Francis Polytechnic High School Math, Science and Technology Magnet (Poly). Algunos de los beneficios de Poly y la razón por la cual yo animo a mis estudiantes a que apliquen al programa son:

- Algunos cursos reciben crédito de high school y de college.

- Los estudiantes del grado once y doce que completen el programa tienen prioridad de admisión garantizada en UCLA.

- Los estudiantes tienen la posibilidad de entrar al college como un sophomore y con tan solo $2^{1/2}$ años más para completar el bachillerato.

- Los estudiantes pueden agarrar un doble graduado

- No pagan por regristarse en el universidad

- Todos los cargos son perdonados

- Los libros de textos son proveidos sin ningún cargo

- Todas las clases de la University of California y California State University son transferibles

- Les ahorra a los padres miles de dolares

La clase graduada de el Poly en el 2002 tuvo un remarcado éxito ya que *100% de la clase fue a la universidad. En adición, el 50% de los estudiantes entraron a la universidad como segundo año del segundo semestre,* gracias al programa de Poly "Empezando Temprano a la Universidad", lo cual puede ahorrarle a los padres miles de dolares en el costo y pagos de préstamos de la universidad. Las escuelas altamente selectivas que aceptaron graduados de Poly son:

- MIT (clasíficada número uno en ingeniería): 2 estudiantes con becas completas
- Cal Tech (cuarta en toda la nación): 3 estudiantes con becas completas
- Princeton (primer rango en la nación Ivy League): 1 estudiante
- Stanford (cuarta en la nación con MIT): 1 estudiante
- Dartmouth (novena en la nación Ivy League): 1 estudiante
- Cornell (Ivy League): 1
- Berkeley: 11 (14% de la clase graduada de Poly)
- UCLA: 27 (36% de la clase graduada de Poly)

Estas estadísticas son muy impresivas, y la buena noticia

es de que hay programas imán de escuelas intermedias y de

high school por todos los Estados Unidos. La siguiente lista

de los distritos escolares pueden ser encontrados en el website

de las Magnet Schools of America (www.magnet.edu/

districts). Si usted no encuentra el distrito de las escuelas de

su área, y está interésado en las escuelas imán contacte su

distrito local.

- Aldine Independent School District, TX
- Albuquerque Public Schools, NM
- Baltimore County Public Schools, MD
- Berkeley Unified School District, CA

49

- Broward County Schools, FL
- Charlotte-Mecklenburg, NC
- Chicago Public Schools, IL
- Dallas Independent School District, TX
- Douglas County Omaha P.S., NE
- Duval County Public Schools, FL
- Freeport Public Schools, NY
- Guilford County Schools, NC
- Hot Springs School District, AR
- Houston Independent School District, TX
- Lansing School District, MI
- Little Rock School District, AR
- Long Beach Unified School District, CA
- Los Angeles School District, CA
- Miami-Dade County Public Schools, FL
- Newburgh enlarged City School District, NY
- San Jose Unified School District, CA
- Savannah-Chatham County Schools, Savannah, GA
- School Board of Manatee County, FL
- School District of Hillsborough County, FL
- School District of Palm Beach County, FL
- Springfield Public Schools, MA
- St. Louis Public Schools, MO
- Tucson Unified School District, AZ
- Wake County Public School System, NC
- Yonkers Public Schools, NY

El porcentaje de admisión de muchos de los programas de 'magnet high school' en las universidades son comparables a esos de las escuelas parroquiales o privadas, las cuales cuestan miles de dolares al año. Dado pues el obvio éxito de las escuelas magnet en todo el país, estas se han hecho muy competitivas y muy selectivas. Lo cual nos lleva nuevamente a el porque es tan importante que usted empiece a ayudar a sus hijos, cuando aún esten en la escuela elemental o intermedia, para que de esta manera esten bien preparados y listos para competir por uno de los lugares altamente evaluados en escuelas como Poly.

Los programas Magnet son muy competitivos. Piense que muchos padres pagan, miles de dolares al año para que sus hijos vayan a preparatorias que tienen el mismo exito que las escuelas magnet, como Poly. La diferencia es que Poly y otras escuelas magnet son gratuitas. De esta manera los padres que desean que sus hijos tengan una educación como la de una escuela privada pero que no cuenta con los medíos suficientes pueden regristar a sus hijos en escuelas imán, por esta razón estas escuelas se han hecho ahora muy competitivas.

El departamento de educación estadunidense han

anunciado las siguintes notas sobre las escuelas de "magnet:" algún distrito puede dejar a las escuelas instituir criteria selectivas para admisión, por ejemplo, un mínimo porcentaje de grados, exámenes, historial de conducta, hacer una audición, o presentación de portafolios. Pero el enfoque básico, de varios distritos, es usar un proceso fotuito para asegurar imparcialidad. Estas escuelas de especialización no tienen que eligir los estudiantes por las buenas notas, a menos que la escuela se identifique como una escuela talentosa. En cambio, hay un sistema de lotería con peso, eso quiere decír que la escuela le da tratamiento especial a ciertos estudiantes que vienen de familias con bajos recursos. Entonces si es un padre latino en una escuela urbana que esta sobre poblada y su hijo recibe almuerzo gratis su hijo podrá recibir puntos adicionales. El folleto de el distrito escolar de Los Angeles explica el sistema asi; "el sistema de prioridad para las escuelas de espeicalización fue creado para no aislar algúna raza...Prioridad es para los estudiantes con necesidad, predominante Hispanos, Afroamericanos, Asíaticos, y otras razas que no son anglosajónas, o residentes que atiendan escuelas sobre pobladas..."

Cada año cuando lléne la aplicación, sus hijos van hacer aceptados, o los ponen en una lista de espera donde le daran puntos adicionales. Lo más puntos que sus hijos tengan les ayudaran para el siguiente año. Entonces lo más pronto que se enscribe, el porcentaje de sus hijos, aumenta para que algún día vaya a una escuela de especialización de secundaria. Desafortunadamente, muchas familias latinas no comprenden como trabaja este sistema de escuelas.

En Los Angeles, el distrito envia por correo folletos a su casa anual, pero si no entiende lo que son las escuelas de especialización de "magnet" y la importancia para el futuro de sus hijos, tiran el folleto a la basura. ¡No olviden que si no se ponen listos pueden perjudicar el futuro de sus hijos!

El programa de escuelas de "magnet" fue fundada con la met de hacer el proceso simple y facíl para padres, también accesible. El proceso comienza en Noviembre y las aplicaciones apropiadas después de Enero. Los estudiantes son notificados después del primero de Abril, y tienen hasta el quince de Abril para decidir. En mi opinion las escuela de sus hijos les ayude, pero si no les ayudan es la responsibilidad de usted, como padres, de buscar ayuda.

Al empezar de cada año escolar doy a mis estudiantes una copia de la transcripción de la preparatoria al que yo fuí. A mi me gusta que ellos vean las clases que yo tomé, y les explico que si ellos quieren ser aceptados en universidades como en la que yo fuí aceptado, entonces ellos tienen que prepararse aún más de lo que yo me preparé ya que hoy día los estudiantes compiten aún mucho más. Uno de mis estudiantes tomó mi transcripción y decidió que el probaría que podía hacerlo mejor de lo que yo lo había hecho. Yo tomé cálculo en el grado once; él lo está haciendo en el grado diez. Yo tomé biología AP en el grado once; él lo está haciendo en el grado diez. El le enseño mi transcripción a su consejero y le dijo que el quería tomar las mismás clases que están en mi transcripción, asi que su consejero le ayudó a trasar un mapa exacto de cada clase a seguir. Este joven decidió ganarme, y Poly le dío esa opurtunidad. Yo les he dado mi transcripción a todos mis estudiantes desde mi primer año como maestro. He tenido estudiantes que se han hido a la preparartoria en otras áreas en escuelas regulares y que han intentado hacer lo mismo y tristemente no lo pudieron lograr. Todos ellos tuvieron consejeros que les decían "Tu no tienes que preocuparte por esto hasta que estes en el once o doce grado."

O bien "La escuela no ofrece clases de ese nivel elevado," o simplemente les dicen, "Regresa otro día, estoy demasiado ocupado ahora." En muchas escuelas los consejeros están siempre demasiado ocupados resolviendo problemas de disciplina, que apenas si les queda tiempo para atender los asuntos referentes a los universidades.

Sus hijos tienen el derecho de aplicar por una admisión a las escuelas magnet. Usted como padre asegurese de que cuando haga una cita con el consejero de la escuela de su hijo o hija, de preguntar acerca de los programas de las escuelas magnet en su área y acerca del proceso de aplicación para sus hijos.

Si su hijos ya están en high school, o si bien ellos no fueron aceptados en una escuela imán, no se desespere pues eso no quiere decir de que ellos no pueden ir a la universidad. Yo simplemente quiero que ustedes sepan acerca de los beneficios de las escuelas magnet. Cada año en todo el país un gran número de estudiantes se graduan en high schools regulares y son aceptados en las universidades. Siempre hay algunas formás para que usted pueda ayudar a sus hijos para

55

que puedan mejorar sus oportunidades de que pueda entrar al college. Al principio dije de que en la mayoría de los distritos locales y estatales los examenes están enfocados en las materias de *inglés y matemáticas, y de estas dos materias, inglés es la mas importante.* En realidad, en orden de poder ser aceptados en el college, la mayoría de ellos requieren que los aplicantes tomén el examen de Scholastic Aptitude I (SAT I): (Aptitud Scolastica I) Reasoning Test y SAT II: Writing Test, (Examen de Razónamiento y Examen de Escritura.). Los estudiantes toman estos examenes (test) en los años junior y senior de la secundaria. Los examenes son designados para medir la habilidad verbal y matemática que el estudiante haya desarrollado durante el curso de sus años académicos. El resultado de los examenes SAT son usados por los colegios y las universidades como "un indicador más entre otros de rangos de clases, high school GPA (grado termino promedío), actividades extracurriculares, historia personal, y recomendaciónes de los maestros acerca de la habilidad del estudiante de que puede leer al nivel que los universidades lo demandan." Universidades, especialmente las que son más selectivas, requieren un número mínimo del SAT que ellos usan para selecciónar a sus estudiantes. El examen SAT I no requiere que el estudiante recuerde factores especificos de las clases, pero si les ayuda ya que la habilidad para tomar examenes se va desarrollando durante todos esos años de escuela.

También hay otro examen el (Practice Scholastic Aptitude Test) PSAT (Práctica Aptitud escolástica) que los estudiantes definitivamente debían tomar antes de tomar el SAT I porque tiene muchas preguntas similares como las que tendrán en el SAT y es una forma para que ellos sepan lo que pueden esperar cuando tengan que tomar el SAT. Los estudiantes debían tomar el examen PSAT cuando aún están en el año sophomore (grado10).

La mejor manera de hacer lo mejor possible en los dos examenes PSAT y SAT es tomando cursos demandantes durante middle y high school y leyendo tanto como les sea posible.

Hay un examen hoy día que cuando yo apliqué a la universidad no existía pero que ahora es requerido o recomendado para poder ser admitidos por colegios mayores y universidades, y es el examen SAT II. El examen SAT II es un examen de una hora, y es de selección multiple en una materia académica específica, y el estudiante puede escoger la materia del examen que él quiera tomar. Algunas escuelas requieren que el estudiante tomé más de un examen, y hay más de 22 materias diferentes de las cuales ellos pueden escoger incluyendo; escritura (con una composición), literatura, historia de U.S., historia del mundo, matemáticas al nivel IC, matemáticas nivel IIC, biología, química, física, lectura de francés, lectura de frances con oratica, lectura en alemán, lectura y oratica de alemán, lectura de español, lectura y oratica de español, lectura de hebreo moderno, lectura italiana, lectura del latin con oratica, lectura con oratica de japonés, lectura con oratica de koreano, lectura con oratica de chino, y el examen de destreza del lenguaje.

Usted puede ayudarle a sus hijos a prepararse para los examenes del SAT y AP (Advanced Placement) (Posición Avanzada). La cosa más importante que usted puede hacer para ayudarle a ellos es el que usted se asegure y demande que ellos lean todos los días. Lo que ellos lean no es tan importante, ellos pueden leer algo que les interése a ellos. Entre más ellos lean, más van extendiendo el margen de su vocabulario con nuevas palabras y con información que les ayudará a ellos después cuando tengan que tomar el examen del SAT. Usted también debía de empujar o animar a sus hijos a que tomén clases avanzadas (AP) en high school, y al final del año que tomén el examen de AP. Cuando pasan el examen les dan creditos

USTED PUEDE AYUDARLE A SUS HIJOS A PREPARARSE PARA LOS EXAMENES DE EL SAT Y AP (ADVANCED PLACEMENT) (POSICION AVANZADA). LA COSA MÁS IMPORTANTE QUE USTED PUEDE HACER PARA AYUDARLE A ELLOS ES EL QUE USTED SE ASEGURE Y DEMANDE QUE ELLOS LEAN TODOS LOS DÍA.

o puntos para adelantar su avanze en la universidad. Por ejemplo, mi hermano tomó y pasó suficientes clases AP que cuando el empezó en la universidad pudo hacerlo como un sophomere. Si el estudiante toma suficientes clases y si llega a tener suficientes creditos o puntos, él o ella puede saltarse hasta un año completo de la universidad o por lo menos un semestre, con lo cual se puede llegar a ahorrar miles de dolares dependiendo de cada universidad. Entre más pronto usted empiece a formar en sus hijos el hábito de la lectura, mejores

59

serán las oportunidades que ellos tendrán de estar bien preparados para tomar clases más avanzadas cuando ellos lleguen al high school.

Muchas escuelas de secundarias de algunas áreas solamente ofrecen clases remediales, pero son muy pocos los que ofrecen programas de enrequecimiento, y esta es una de las ventajas que las escuelas magnet tienen sobre las escuelas regulares. Mientras los programas magnet se concentran en clases de enrequecimiento, las escuelas de algunas otras áreas tienen que enfocarse en asegurarse de que sus estudiantes completen los requerimientos basícos de graduación. Muchos de los programas de las escuelas magnets trabajan junto con el colegio de la comunidad local para que si alguno de las preparatarias no ofrece alguna clase de enrrequicimiento en particular de esta manera pueden— transferir a los estudiantes interésados en esa clase a la universidad de la comunidad con la cual ellos trabajan.

Para que el procentaje de graduación de las minorías aumenten, todas las escuelas tienen que mejorar, como padre usted tiene que ayudar, pero también busque escuelas alternativas.

Mitos #4

"Yo no tengo la educación necesaria para poder ayudar a mis hijos."

Muchos de los padres que he conocido y que no terminaron la preparatoria o que nunca fueron a la universidad repiten frecuentemente que no pueden ayudar a sus hijos en sus tareas porque ellos no fueron a la escuela lo suficiente como para poder ayudar a sus hijos. De alguna manera piensan que el ayudar a sus hijos significa darles las respuestas de las tareas. El ayudar a sus hijos no se trata de eso, se trata de darle a sus hijos La confianza de que puedan trabajar independientemente. Yo les sugiero ayudarles a ellos facilitandoles un ambiente agradable donde puedan hacer   sus tareas cuando llegan de la escuela.

Estas sugerencias que les hago no tienen ninguna relación con los niveles de educación que los padres puedan tener. Primero que todo, usted debe de buscar alguna esquina de su casa o cualquier lugar que usted pueda asígnar para que sus hijos puedan hacer sus tareas. Yo comprendo que no siempre hay espacio en todas las casas para hacer esto, pero sí deben de buscar la forma de encontrar un rinconcito por muy pequeño que este sea. El punto importante es de que si tienen un lugar designado para las tareas es de que traten de mantener organizacíon y de que el estudiante debe de hacer un hábito de usarlo siempre para hacer sus tareas. Ahora bien, si realmente no tienen un lugar para dedicarlo para hacer las tareas, aún asi pueden ayudar a sus hijos estableciendo tiempo y una rutina en la cual ellos puedan completar su trabajo escolar. Durante ese momento los padres deben demandar de los otros miembros de la familia que respeten la importancia de brindarle al estudiante el silencio necesario para que el pueda completar su trabajo sin disturbios como son la televisión, música, y conversaciones telefonicas o con otras personas alrededor, o cualquier otra cosa que pueda prevenir al estudiante el concentrarse en sus tareas.

Es muy probable que la mayoría de los niños, en especial esos que no tienen la costumbre de seguir un horario para hacer sus tareas. Al principio se resistan a las nuevas reglas y disciplina que usted

TENER CITAS REGULARES CON LOS MAESTROS DE SUS HIJOS ES UNA DE LAS COSAS MÁS IMPORTANTES QUE USTED POSIBLEMENTE PODRÁ HACER PARA QUE SUS HIJOS LLEGUEN A TENER ÉXITO EN LA ESCUELA.

empezara a formar en casa, más si usted es consistente y mantiene sus reglas hasta el punto de que sus hijos comprendan la seriedad que significa para usted la educación de ellos. Nuevamente recordando que es usted que como padre debe de dar el ejemplo y demostrarles a ellos que su educación es más importante que las novelas, noticias, o cualquier otra cosa alrededor, durante una o dos horas en las cuales ellos puedan hacer su trabajo, eventualmente ellos van a entender el mensaje y responderán de acuerdo a ello. Si esto no fuera posible hacerlo en casa, pueden hacerlo en la librería que por lo general no queda muy lejos en cada área, y en la cual encontrarán el silencio necesario. Recuerde que es muy importante que sus hijos formen el hábito desde muy jovenes de visitar la librería continuamente. Ellos deben leer todos los dias, y lo que ellos lean debe ser algo en lo que ellos esten interesados, lo que importa es de que ellos lean. Este no es un libro de paternidad, más usted debe tener en mente que los expertos en paternidad sugieren fuertemente que los jovenes necesitan limites y ser dirigidos.

Una segunda manera de ayudar a sus hijos es comunicandóse con ellos diariamente acerca de sus trabajos escolares. No digo que les pregunte si ya han hecho sus tareas mientras ellos estan sentados frente a la televisión, y que ellos le respondan gritando de que si ya la han hecho; o bien de que no les dieron ninguna tárea. Eso no es aceptable aún cuando todavía esten en escuela de intermedio y especialmente en la preparatoria, ellos deben de hacer algun tipo de tareas cada día de la semana, ya sea estudiando o haciendo sus trabajos por lo menos treinta minutos a una hora cada día. Recuerden que no nesesariamente tienen que estar haciendo siempre tareas de la escuela, si ellos dicen que no tienen tareas, ellos pueden dedicar ese tiempo para leer cualquier cosa referente a la escuela o bien algo que les guste a ellos. Lo importante es que ellos mantengan el hábito de dedicar esos momentos a su educación, y cada vez que ellos leen estan mejorando su educación. Casi todos los examenes que estos jovenes tendrán que tomar, y que son requeridos para poder entrar a la universidad, tienen mucho que ver con inglés y matemáticas. Cada clase es importante *más el estado, al menos en este momento, pone un fuerte énfasis en esas dos materias y de esas dos inglés más que matemáticas.*

Algo que si es muy importante que usted haga con sus hijos, especialmente con matemáticas, es hacer que ellos les expliquen lo que hicieron y aprendieron durante la clase. En matemáticas, la mejor manera de demostrar maestría es el poder explicar a otra persona cualquier formula o concepto que se ha aprendido. Asi que deje que sus hijos le expliquen algo de lo que han aprendido. Permitales a ellos por un momento ser los maestros.

Una de las cosas que mi madre hacía cuando yo era niño, y que yo apreció, es que ella se sentaba conmigo y aprendiamos inglés juntos. Yo recuerdo esto porque a mi las fonéticas se me hacían difícil, y ella se quedaba conmigo y yo tenía que explicarle y demostrale lo que ya había aprendido.

Eso a mi me ayudó mucho, y yo pienso que yo aprendí más porque tenía que pensar y explicar prácticando lo que ya había aprendido. De esa manera ella me permitía expresarme y al mismo tiempo me hacía responsable de mi trabajo. Si yo le decía que no me habían dado tareas para hacer, o que ya las había hecho, ella entonces me hacía explicarle lo que había hecho y aprendido. No se si ella entendía todo lo que yo le decía, pero al menos yo sabía que no podía haber un día en que yo pudiera decir que no me habían dado tareas que hacer.

Comuniquese diariamente con sus hijos acerca de lo que ellos hacen cada día, y cuando ellos vengan a casa diciendo siempre que la maestra nunca les da tareas o que no les están enseñando nada en la clase, parelos alli mismo y digales que usted hará una cita con los maestros para saber lo que realmente está sucediendo.

Usted notara que dije, que usted haría una cita con los maestros. Aqui hay un punto muy importante que recordar, el padre nunca debe de poner a los hijos de intermedarios entre ellos y los maestros. Eso es algo que usted debe evitar a todo costo, o de otra manera estará creando una oportunidad para que el estudiante pueda manipular situaciones que pueden llevar a formar una comunicación erronea y a malos entendimientos. Los padres deben llamar ellos mismos a la escuela para hacer una cita con los consejeros ya que hablando con ellos usted se puede asegurar de que sus hijos realmente están tomando las clases más avanzadas. Mi consejo sería que por lo menos una vez al mes los

ASI QUE DEJE QUE SUS HIJOS LE EXPLIQUEN ALGO DE LO QUE HAN APRENDIDO. PERMITALES A ELLOS POR UN MOMENTO SER LOS MAESTROS.

padres debían de hacer cita con los maestros de sus hijos para conversar con ellos y de esta manera estar siempre al tanto de como van sus hijos. Asi mismo les dejara ver a los maestros que será mejor para ellos enfocarse un poco más en sus hijos ya que ustedes de muestran continuamente una prioridad en la educación de sus niños.

Tener citas regulares con los maestros de sus hijos es una de las cosas mas importantes que usted posiblemente podrá hacer para que sus hijos lleguen a tener éxito en la escuela. No debe esperar a recibir el primer reporte de las notas, pues para entonces sus hijos quizás ya han enpezado mal. Temprano en el año escolar usted debe de hacer una visita corta a la escuela para hacerles saber a los maestros de que ustedes están preocupados e interesados por la educación de sus hijos. Hagales saber que usted desea ser contactado directamente para cualquier cosa que los maestros nesesiten discutir referente al progreso educativo de sus hijos. Los maestros pueden hacer muchas cosas importantes con sus hijos cuando ellos saben que tienen el apoyo de ustedes los padres. Cuando ustedes toman la iniciativa de contactar a los maestros, ellos saben que pueden contar con ustedes y que de alguna manera apoyarán a sus hijos en casa con el trabajo que ellos les den a sus hijos.

Las conferencias con los padres no son suficiente ya que usualmente durante estas conferencias los maestros tienen que hablar a muchos padres y por lo tanto ellos no tienen el tiempo nesesario para hablar más profundamente acerca de las nesecidades académicas de sus hijos.

Durante estas conferencias algunos de los padres vienen a mi preguntandome que cuando es que yo les doy tareas a sus hijos. Yo les explico que yo doy tareas al menos tres veces por semana, y ellos simplemente lo aceptan asi. En algunas ocaciones yo no les doy tareas, mas los padres no me reclaman

y simplemente dicen que yo soy el maestro y que lo que yo

diga eso es lo que debe de ser. Eso me parece que no está bien

pues pienso que ellos debían en ese momento indagar y

ponerme un poco más de presión para saber porque razón es que yo esas veces no les doy tareas. Si el maestro sabe que

USTED NO DEBE DE ESPERAR A QUE LA MAESTRA LO CONTACTE A USTED!...USTED TIENE QUE TOMAR LA INICIATIVA. USTED DEBE SER QUIÉN HAGA LA LLAMADA. USTED TIENE QUE INICIAR EL CONTACTO.

usted está siempre al tanto de sus hijos, y el maestro por alguna

razón a veces ignora al estudiante, el maestro tratará de prestar

mas atención de lo que hace porque sabe que usted lo hará él

o ella acontable del trabajo que está haciendo y probablemente

se asegurará de que los hijos de usted están aprendiendo lo

mejor posible en su clase. En cambio los estudiantes que no

se aplican bien o que sus padres no demuentran mucho

interés en la educación de sus hijos las posibilidades son muy

grandes de que no recibirán la misma atención ya que saben

que los padres de estos no vendrán a reclamarles nada por no

prestarles atención a sus hijos. Algunos padres si quieren

saber el porque no les he dado tareas, y yo entonces tengo que justificarme de alguna manera, asi mismo ellos debían de hacer lo mismo con los consejeros. Ellos deben preguntarles a los consejeros el porque de que sus hijos están aún en ESL después de tres o cuatro años, o el porque sus hijos tienen que ir a la preparatoria de esa área o el porque sus hijos aunque aún están en ESL no pueden tomar geometría o álgebra. No tenga miedo de cuestionar a la autoridad y no acepte siempre las respuestas genericas que los maestros, consejeros o administradores dan.

Cuando usted hace una cita fuera de el horario organizado para conferencias de padres, esa sería una sesión de uno a uno o sea persona a persona donde usted podrá recibir respuestas a todas sus preguntas ya que el maestro o consejero podrá darle más tiempo tan solo a usted.

Antes de seguir al siguiente punto que deseo hacer, debo mencionar el como deben de hacerse las preguntas. Una de las cosas que me frustan más como maestro y se bien que no soy el único, es cuando un estudiante no entiende lo que estoy enseñando más cuando yo paro y preguntó si alguien tiene alguna pregunta, nadie levanta la mano para preguntar. He llegado a la realización de que muchos estudiantes no hacen ninguna pregunta durante la clase quizás porque nunca han visto a sus padres hacer preguntas a sus maestros, dentro o fuera de las conferencias. Usted quizás se sienta intimidado porque tal vez usted no fue a la universidad, o porque la maestra no habla español y usted no se siente cómodo hablando inglés, trate pues de hacer preguntas faciles. Es la responsabilidad de la escuela el proveer un traductor que ayude a los maestros a comunicarse con los padres. Si la escuela no proviera un traductor quizás alguno de los otros padres que estuviera esperando para hablar con el maestro y que quizás si hable inglés le pueda ayudar a comunicarse con la maestra. Lo última alternativa que usted debe tomar es el usar a sus hijos como un traductor. *Debe de recordar que usted debe de evitar el comunicarse con los maestros por medio de sus hijos tanto como sea posible.*

Aqui les doy una lista parcial de preguntas que tal vez usted pueda usar como una guía para hacer sus preguntas en la proxima conferencia de padres y maestros y que asi puedan obtener más información acerca del progreso de sus hijos.

71

Preguntas que los padres quizás
puedan hacer a los maestros

- ¿Cuáles son las habilidades que se espera que mi hija debe de dominar este año escolar?

- ¿De que manera les deja usted saber a los estudiantes los niveles académicos que usted espera que ellos completen?

- ¿ Que clase de proyectos y tareas tiene usted planeado para este año escolar?

- ¿De que manera sus estudiantes son calificados?

- ¿Que puedo yo hacer en casa para ayudar a mis hijos a que ellos hagan lo mejor que puedan en su clase?

- ¿Que tan frecuente usted asígna tareas?

- ¿Da usted tareas durante las vacaciones?

- ¿Como maneja usted los diferentes estilos de aprendizaje?

- ¿Ofrece la escuela clases de verano, intersección, tutororía, o otros programas para ayudar a los estudiantes que lo neseciten?

- ¿Se les anima a todos los estudiantes a tomar álgebra para el final del octavo grado? (a los maestros de matemática o consejeros)

- ¿En su opinión le parece a usted que mi hijo/hija está

trabajando con todo su potencial?

- ¿Cuáles son las reglas de su clase?

- ¿Cuáles son los utiles que mi hijo necesita para esta clase?

- ¿Piensa usted que el trabajo de él/ella mejoraría si usted le moviera a otro asiento? (Para estudiantes que tienen problemás académicos o de conducta)

- ¿Que sería lo necesario para que mi hijo/hija pudiera salir de el programa de ESL?

Estos son dos puntos referentes a la última pregunta. Lo primero es de que si su hijo todavía está tomando clases de ESL en preparatoria, ellos no recibirán ni un solo crédito de universidad. Los estudiantes nesecitan cuatro años de inglés, y ninguno de los años en ESL cuentan para ayudar a completar los requerimientos de esos cuatro años de inglés. Lo segundo es de que si cuando su hijo/hija estaba en la escuela elementaria, usted puso en el cuestionario que se les da a los estudiantes de que en casa él/ella habla español entonces en preparatoria será automaticamente designado al programa de ESL.

Esas preguntas son la norma en algunas escuelas y en otras muy raramente las preguntan. Para esos padres latinos, y ustedes saben quienes son ustedes, que antes no han hecho ese tipo de preguntas en el pasado, deben sentirse libres de copiar la lista de la pagina anterior, o bien hacer alguna investigación propia para poder asi hacer su propia lista de preguntas para que las pueda usted preguntar preferiblemente en las conferencias de padres y maestros de uno a uno.

He tenido padres que venían una vez a la semana a visitarme, cuando yo vi esa clase de determinación en esos padres supe que yo podía contar con ellos ya que ellos responderian bien. Le di a algunos copias del texto de la edición de matemáticas para que ellos pudieran revisar el trabajo que sus hijos traián a casa. Muchisimos maestros estarían dispuestos a hacer cosas extras como esa cuando ven la determinación de los padres de ayudar a sus hijos. Los maestros necesitan ver esa determinación en los padres.

Conozco a muchos estudiantes que desean hacer todo muy bien en matemáticas, o en otras clases, y lo hacen bien hasta que llegan a una sección de la clase que ellos no comprenden. Ellos en lugar de levantar la mano y preguntar lo que no entienden o pedir la ayuda que necesitan, ellos se preocupan más en que pueden pasar alguna vergüenza enfrente de sus compañeros y prefieren entonces no preguntar. Es de esa manera como empiezan a quedarse atras. Poco a poco se van quedando tan atras que pierden las esperanzas y es entonces cuando todo falla. Si el padre se comunicará regularmente con el maestro de sus hijos sería mucho más fácil identificar el punto o momento en que el

USTEDES DEBEN DE COMPRENDER QUE SON USTEDES LOS QUE CONOCEN A SUS HIJOS MÁS QUE CUALQUIER MAESTRO. LO QUE USTED NO SABE EL MAESTRO LO SABE Y LO QUE EL MAESTRO NO SABE USTEDES LO SABEN.

estudiante empezó a experimentar dificultad para brendarle dar la ayuda extra y el soporte necesario para que se pueda mantener en un camino de logros. *Usted no debe de esperar a que la maestra lo contacte a usted!* Quizás sea razonable esperar que el maestro pueda llamarle, mas usted debe de recordar de que con el número de estudiantes que los maestros tienen que atender diariamente es muy fácil que se les pueda olvidar cuando tienen que llamar a casa de sus estudiantes. Los maestros están más enfocados en llamar a los padres de los estudiantes que son disruptivos y que se comportan mal en clase. *Usted tiene que tomar la iniciativa. Usted debe ser quien haga la llamada. Usted tiene que iniciar el contacto.*

En adición, si el maestro o maestra sabe que usted estará constantemente haciendo preguntas acerca de sus hijos, él/ella se asegurará de poner más atención en sus hijos. De esa manera cuando usted haga alguna pregunta, el maestro tendrá una respuesta para usted. Si usted le pregunta algo a los maestros acerca de sus hijos y ellos no saben la respuesta a su pregunta, ellos se ven como que no saben lo que están haciendo y ningún maestro quiere dar esa imagen. Cuando los maestros sentimos la presencia del padre nuestra actitud hacia ese estudiante cambia, les préstamos más atención.

En los años que llevo de maestro recuerdo a una estudiante que no nesecitaba a sus padres para pedirme cuentas, porque era ella misma la que me las pedía. Como maestro que soy han habido veces en que e tenido dias en que no he enseñado a mi clase también como a mi me gusta hacerlo. Ella estaba en mi clase del cuarto periodo, la cual es justo antes de el tiempo de almuerzo, y a mi me gusta mucho jugar baloncesto durante mi tiempo de descanso. Sin embargo esta estudiante se quedaba en mi clase y no se iba hasta que yo le explicaba bien la lección hasta el punto de que ella se sentía segura de que entendía muy bien, y aún cuando por ella yo no podía jugar mi baloncesto, yo totalmente respetaba la clase de estudiante que era ella. El día que por alguna razón yo no enseñaba bien algun tópico de la clase, ese día ella no dejaba su asiento y yo me tenía que quedar y no podía jugar baloncesto. Yo no podía mandarla a la oficina solo porque ella deseaba aprender más. De esa manera ella me hacía saber, responsable, o culpable ya que yo no había explicado toda la clase bien, y ella se había quedado sin entender bien algo.

Por supuesto que los estudiantes tienen que tener cuidado en como le hablan a sus maestros porque algunos maestros se pueden sentir ofendidos, pero la mayoría de los maestros siempre están dispuestos a darles más a esos estudiantes que desean aprender más.

Es muy difícil para muchos de nuestros estudiantes el poder reclamar, ir a los consejeros y decirles que es lo que ellos desean, o preguntar lo que ellos necesitan hacer para llegar a donde ellos quieren llegar. Aún cuando ellos llegan a preguntar el porque o cuando de algo, si los maestros les responden de que esa es la ley, ellos debían de preguntar el

77

porque de esa ley para que asi ellos vayan aprendiendo poco a poco el como hacer preguntas.

La forma de empezar ese proceso es animándo a los estudiantes a participar en la clase aunque sea para hacer una sola pregunta. Yo no estoy sugeriendo que se les enseñe a ellos a cuestionar la autoridad en una forma rebelde, pero si que ellos se acostumbren al hecho de que ellos deben aprender a comúnicarse con sus maestros. Puede ser tan fácil como, "Sr. Clark, no escuche bien lo que usted dijo. ¿Puede usted por favor repetirlo nuevamente? Eso sería un pequeño paso para empezar. Usted debe enseñarles a que digan, "Buenos días," a sus maestros cuando ellos entran al cuarto de clase. Aunque me molesta decirlo, muchos maestros si tienen sus estudiantes favoritos, y tan solo diciendo algo tan simple como el decir "Buenos días" todos los días sirve para meterse en la mente de los maestros.

Los padres necesitan también dar el ejemplo de conducta que desean ver en sus hijos. ¿Si usted como padre no demanda sus derechos, porque entonces van hacerlo sus hijos? Los padres tienen que demostrar lo que ellos quieren dandoles a sus hijos un plan, o bien dando el primer paso hablandole al maestro. Digale a sus hijos que hoy día usted quiere que ellos levanten la mano y pregunten a su maestra cúal será la tarea que ella les va a dar durante esa semana, y cuando sus hijos vengan a casa preguntenle si lo hicieron. Empiece poco a poco, y lleve a sus hijos cuando vaya a la conferencia de los padres, haga sus preguntas y entonces haga que su hijo/hija le haga alguna pregunta al maestro enfrente de usted. Si usted demuestra de que no tiene miedo del maestro, sus hijos también ganarán confianza para hablar.

Los padres tanto como los estudiantes deben respetar a sus maestros pero no al punto de sentirse intimidados. Yo deseo que usted comprenda que solo porque el maestro fue a una universidad y quizás usted no fue, no nesesariamente quiere decir que el sea mas inteligente que usted. Solamente quiere decir que el tiene la educación que quizás usted no tuvo la ocasión de tener, es todo cuanto quiere decir.

Yo pienso que mi padre es un hombre brillante y el no es altamente educado, y para ser honesto, pienso que el es más inteligente de lo que yo soy. Algunas de las cosas que mis padres hacen me sorprenden a veces, y hay ocasiones en las cuales yo me siento mentalmente inferior a ellos, solo que yo

79

tuve la oportunidad de tener una educación. Los padres necesitan comprender eso y no deben pensar que son ignorantes. Usted tal vez no conoce los detalles del sistema de educación pero si sabe por todo lo que sus hijos tienen que pasar cada día y lo que tienen que aguantar, en cambio los maestros no lo saben. Los maestros no saben los problemas que el estudiante puede estar enfrentando en su casa o a que clase de escuela fue antes su hija, ni la clase de maestros que han tenido en el pasado. Lo único que los maestros sabemos es como están sus hijos en el tiempo que pasan en nuestras clases durante el día. Eso es todo lo que sabemos acerca de nuestros estudiantes, sus hijos.

Ustedes deben de comprender que son ustedes los que conocen a sus hijos más que cualquier maestro. Lo que usted no sabe el maestro lo sabe y lo que el maestro no sabe ustedes lo saben. La sabiduría que un maestro tiene es académica, y la sabiduría que los padres tienen viene directamente de la experiencia. Muchos maestros no saben lo que es el vivir en ciertas comúnidades enfrentando muchas cosas que sus estudiantes enfrentan cada día. Los padres deben recordar que ellos como padres tienen más poder que los maestros para hacer una diferencia en la vida de sus hijos y que con la ayuda de ustedes nosotros los maestros podemos hacer un mejor trabajo para el beneficio y un mejor futuro de sus hijos.

Si ustedes prestan atención a esas escuelas en comunudidades afluentes, aparte de que tienen **Si LA EDUCACIÓN DE ELLOS ES UNA ALTA PRIORIDAD EN SUS VIDAS, ASI MISMO LO SERÁ PARA ELLOS. Es MUY CRITICO EL ESTABLECER ESO TAN PRONTO COMO SEA POSSIBLE.** maestros con más experiencia y mejores calificados, sus éxitos se deben también en gran parte a la participación de los padres.

En esos distritos los maestros no pueden atenerse tan solo con tener sus credenciales porque los padres están constantemente encima de ellos preguntando el porque de uno o lo otro, como, cuando, y quien. A esos maestros se les demanda el trabajar mucho más entregados y a estar siempre al tanto de todo. *LOS PADRES LO DEMANDAN.* En las escuelas donde los padres no piden más de los maestros lo que usted encontrará es que en general los maestros no están tan al tanto de las cosas. Ellos sienten que tan solo seguir la rutina es suficiente, realmente ellos no tienen que preocuparse de tener que dar cuenta a los padres o a la comunidad. Para los maestros en distritos donde los padres no se envuelven, no sienten la presión de tener que dar cuenta a los padres, ellos tan solo tienen que darle cuenta a la administración de la escuela. Asi que si la administración son los que van a pedir las cuentas por sus acciones a los maestros, los maestros harán lo que sea necesario para asi complacer a los administrativos ya que es de ellos de quienes reciben la presión.

Aquello en lo cual los administradores puedan estar interesados podía no ser lo mismo en lo cual usted, el padre, este interésado. Los administradores talvez desean estar seguros de que los maestros tengan colgando en su clase el contenido normal de lo que tiene que enseñar, como son las matemáticas, inglés, ciencias, o historia. Los maestros pues se asegurarán de hacer esto para asi cumplir con lo que se espera de ellos. Los administradores talvez desean asegurarse de que los maestros mantengan una agenda en la clase, asi que los maestros se asegurarán de cumplir con esa regla o alguna otra necesaria para satisfacer las reglas administrativas. En general, los administradores no están viendo por las necesidades individuales de sus hijos, solamente usted puede hacer eso. Las metas de los administradores, maestros, y consejeros quizás no sean, y usualmente no lo son, las mismás que sus metas. Si ustedes desean algo, ustedes van a tener que expresarlo y ser consistentes en ello.

Les sugiero a esos padres que no trabajan durante el día a que se presenten como voluntarios para ayudar en la escuela. Esa fue una de las cosas que mi madre hizo,y haciendo eso ella podía ver por si misma la manera de enseñar de cada maestro y la forma en que estos trataban a los estudiantes. Gracias a que ella conocía la forma de enseñar de cada maestro, ella podía pedir específicamente a los maestros que ella consideraba eran los mejores para la enseñanza tanto de mi hermano como de la mía. Cuando usted se presenta de voluntario a la escuela de sus hijos usted podrá ver como la escuela funciona, aquello que es lo mejor o lo menos bueno de la escuela. Aparte de eso el gozo que usted como padre sentirá al estar envuelto en la vida escolar de sus hijos y el gran gusto que sus hijos sentirán al saber que tan importantes son ellos para usted.

• • • • • • • • • • • • Mitos #5

"No hay nececidad de preocuparse ahora porque aún falta mucho tiempo"

Hay algunas escuelas que empiezan a preparar a sus estudiantes para la universidad al empezar del sexto grado. Cada año se hace más difícil el poder atender a la universidad. La populacíon sigue creciendo y hoy día hay mucha más competencia de lo que había hace diez años, asi mismo la calidad de los estudiantes es cada día mejor. Hace diez años en UCLA el GPA promedío era al rededor de 3.8, ahora es de 4.2 con calificaciónes del SAT cerca de 1400. Hace diez años cuando yo estuve en el Colegio Occidental este era considerado un buena universidad y era selectivo pero no tan altamente selectivo ni tan altamente competitivo como lo es hoy. Me parece que hoy día ellos rechazan un 60% de sus aplicantes, mientras que hace diez años el rechazo era de tan solo 40%.

Como padre usted tiene que fijarse la meta de que sus hijos vayan a la universidad en una forma en que esa meta pueda ser reconocida por sus hijos a una edad temprana. No debe esperar hasta que ellos están en la preparatoria porque usualmente para entonces es bastante mas difícil el poder hacer cambios, y siempre es bastante mas fácil formar buenos hábitos o cambiar malos hábitos a una edad temprana. Si sus hijos estan acostumbrados a hacer sus tareas con la televisión encendida por muchos años, será muy difícil para ellos tener que cambiar de pronto un hábito de tantos años. Cualquier mal hábito o mala actitud que el estudiante tenga, será mucho más fácil cambiarlo cuando ellos aún no son adolescente. Una vez que ellos entran a la preparatoria son los amigos los que tienen mas influencia en ellos y los padres entonces ya no tienen la misma influencia que antes puedan haber tenido en ellos.

Si usted quiere que sus hijos vayan al colegio local de la comunidad, quizás entonces estos consejos son un poco prematuros. Pero si lo que usted y sus hijos quieren es que ellos vayan a una universidad competitiva del estado o a una institución privada, entonces el empezar en la escuela intermedia o aún en la escuela elementaria no es demásiado pronto. Son muchas las escuelas, especialmente las más afluentes, que empiezan a preparar a sus estudiantes en la escuela intermedia.

La escuela intermedia a la que yo fuí nos llevaba a los estudiantes a visitar diferentes universidades. De las cosas que yo hoy hago tanto como maestro que soy que como consejero del Club Carrera/Colegio de la escuela para la cual soy maestro, son aquellas con las cuales yo crecí y recibí cuando era niño. Lo que muchos jovenes que van a escuelas con una enseñanza deficiente no saben es de que no todas las escuelas son como la de ellos. Yo sé de muchas escuelas que para el septimo o octavo grado ya están haciendo geometría. Otros estudiantes en cambio no lo hacen si no que hasta que están en la preparatoria. Para entonces ellos ya han empezado atrasados desde la escuela intermedia, asi que para cuando ellos llegan a la prepatoria, las clases remediales son muy duras para ellos. Estos jovenes ni siquiera se dan cuenta contra quienes tienen que

competir. Ellos se comparan asi mismo con otros estudiante de sus propias escuelas, pero ellos no comprenden que no todas las escuelas son como las de ellos

SI LO QUE USTED Y SUS HIJOS QUIEREN ES QUE ELLOS VAYAN A UN COLLEGE O UNIVERSIDAD COMPETITIVA DE EL ESTADO O A UNA INSTITUCIÓN PRIVADA, ENTONCES EL EMPEZAR EN LA ESCUELA INTERMEDIA O AÚN EN LA ESCUELA ELEMENTARIA NO ES DEMÁSIADO PRONTO.

y que ellos después tendrán que competir contra los estudiantes de esas otras escuelas que si preparan más a sus estudiantes. Si estos estudiantes tuvieran la oportunidad de ver como son esas otras escuelas, si ellos pudieran visitar la escuela intermedia de Beverly Hills y pudieran ver como son las escuelas alli, sus maestros, los programas que se ofrecen, entonces ellos podrían apreciar las diferencias y de que no existe un balance justo. Entonces quizás los estudiantes quieran crecer a niveles más altos de expectación. El problema es que en muchas escuelas no existen los altos niveles de expectación. En muchas escuelas no existe la expectacíon de que todos sus estudiantes vayan a la universidad. Existe la creencia de que la universidad está reservado tan solo para los estudiantes más talentosos, o esos más sobresalientes academicamente, y eso realmente no es justo para los otros estudiantes. La mayoría de escuelas tiene en mayor parte minorías (Latinos, Afroamericanos, y Indios Americanos) especialmente las escuelas en las ciudades grandes. Hay muchos problemas en estas escuelas por ejemplo, "Perdiendo Nuestro Futuro," dice que "hay bajas notas de competición, maestros sin experiencia, problemas sociales, problemas de emoción, y condiciones de pobreza. Este es el último problema que quiero descutir brevemente:

El estado de California tiene uno de los mejores programas de universidades, es el sistema de universidades de California (sistema de UC). Estas escuelas han publicado una lista de requisitos que se llaman los requisitos A-G:

A- Historia/Ciencias Sociales: 2 años
B- Inglés: 4 años
C- Matemáticas: 3 años, 4 años recomendados

D- Ciencia con Laboratorio: 2 años, 3 años recomendados

E- Lenguaje Estrajero: 2 años del mismo idíoma

F- Arte Manual o Dramático: 1 año del mismo curso

G- Clase Académica: 1 año

Ahora voy a decir esto del requisito "C," si sus hijos estan en una escuela donde ofrecen una selección de clases para alumnos atrasados solamente, sus hijos no van a poder mejorar. Por eso tienen, como padres, familiarizarse con las expectaciones de las universidades y ayudando a sus hijos para que comienzen temprano.

Mitos #6

"Teniendo buenos grados es suficiente para entrar a cualquier universidad"

uiero señalar aquí dos mitos; uno es que el estudiante que mantiene sus grados con tan solo A's durante la preparatoria podrá atender a cualquier universidad. Segundo, que lo único que cuenta para poder entrar al colegio o la universidad es lo académico y los buenos grados.

El tipo de clases que sus hijos tomén es sumamente importante, asi que ellos deben de tomar clases AP (Advanced Placement) cada vez que les sea posible si es que desean ir a un colegio competitivo. Tener una B en cálculo vale más que si se tiene una A en álgebra, por el hecho de que cálculo es una clase de un nivel más alto que la álgebra en las matemáticas. El tomar clases a nivel de el colegio en preparatoria y llevando buenas notas, el estudiante le está demostrando a la universidad a la cual el desea ir de que si tiene la capacidad para estudiar a un nivel universitario. Este es un ejemplo de que tan importante son las clases que los estudiantes toman en preparatoria. Se requiere que el estudiante estudie matemáticas durante tres años para poderse graduar de la preparatoria. Por lo general, hay siete niveles de clases de matemáticas que se ofrecen en preparatoria, álgebra (2 años), geometría, álgebra II, trigonometría, AP cálculo (AB), AP cálculos (BC), y AP estatísticas, el problema es que la preparatoria dura tan solo cuatro años. Asumiendo que el estudiante tomará matemática por cuatro años, él o ella solo podría tomar cuatro de las siete clases que se ofrecen, y les sería imposible tomar las clases más avanzadas a menos que lo hagan durante las clases de verano o bien si es que tomarán algunas de estas clases cuando aún están en el secundaria. Desafortunadamente algunas escuelas intermedias no ofrecen geometría, asi que ese año es un año perdido. La clase que podían haber tomado en la secundaria, tendrán que tomarla en la preparatoria. Lo que muchos estudiantes terminan haciendo es que dado que solamente son requeridos tres años de matemáticas, aparte de que no es una materia favorita de muchos estudiantes, ellos lo que toman a lo más es geometría o bien álgebra II.

En la escuela secundaria muchos estudiantes reciben una F en el primer semestre, el siguiente semestre reciben una C y aún asi pueden participar en la ceremonia de graduación y muchos de los estudiantes saben bien que lo pueden hacer. Ellos saben como manipular el sistema pero quizás no esten enterados de que al haber sacado una F en el primer semestre significa que tendrán que volver a tomar la clase nuevamente en la preparatoria. Cuando ellos reciben una F en sus años de escuela elemental o en secundaria, no sucede nada y según el estudiante todo está bien, más cuando el estudiante pasa a preparatoria es cuando entonces se empieza a pagar las consecuencias de esos malos grados de antes.

Otro ejemplo es el de idíomas extranjeros, el cual es ofrecido en muchas escuelas de intermedío. Mi hermano tomó otro idioma a nivel de escuela secundaria, y en preparatoria

se requieren dos años de lenguaje. Un requerimiento que se

puede completar en la escuela secundaria y de esta manera en la preparatoria el estudiante estará libre de ese

LAS CLASES QUE TOMÉN EN EL MIDDLE SCHOOL DETERMINARÁ SI EL ESTUDIANTE TENDRÁ QUE TOMAR CLASES REMEDIALES O SI BIEN PODRÁ TOMAR CLASES A UN NIVEL AVANZADO CUANDO LLEGUE AL HIGH SCHOOL.

requerimiento y podrá usar ese año para estudíar algo a un

nivel más avanzado. A unque la administración de los

universidades no revisan las notas académicas de los años de

la escuela secundaria, las clases que se toman en escuela

secundaria si afectan las clases que ellos podrán tomar en el

high school. Las clases que tomén en el middle school

determinará si el estudiante tendrá que tomar clases remediales

o si bien podrá tomar clases a un nivel avanzado cuando llegue

a la preparatoria.

Muchos jovenes no se preocupan hasta que ya es un poco

tarde, y entonces hay consecuencias. Si el joven o la joven no

tomó las clases adecuadas en la escuela secundaria, al llegar a la preparatoria el o ella no podrá tomar español AP sin antes tomar español 1, 2, y 3. Si el estudiante tiene suerte quizás su maestro le permita saltarse un nivel de español por que quizás esta sea la lengua del estudiante, más el maestro no le permitirá saltar directamente a AP español si no se ha tomado español 1, 2, y 3. Por lo tanto el estudiante tendrá que tomar español 2, español 3, y el AP español justo ya para graduarse de la preparatoria.

Claramente ninguno de los colegios competitivos considerará el aceptar a alguien que tan solo ha tomado geometría, especialmente si el estudiante piensa graduarse de ciencias y piensa ser doctor. Cada materia tiene sus propios requerimientos, y si el estudiante quiere tomar las clases de niveles más avanzados tendrá entonces que empezar cuando aún está en la escuela secundaria, o bien tendrá que pasar sus veranos tomando clases.

Una de las cosas a la cual los colegios prestan atención es que tan ambicioso el estudiante es. Siempre es mucho más fácil para el estudiante tomar los tres años mandatorios y sacar buenas notas, pero si el estudiante empieza a tomar clases a niveles altos en la escuela secundaria, o si toma clases de verano a niveles avanzados, con eso podrá demostrar al colegio que apliqué su seriedad y responsabilidad en lo que se refiere a su educación y en su determinación a sobresalir con éxito. Los oficiales administrativos de los colegios y universidades prestan mucha atención a los niveles de clases que los estudiantes toman.

Porque las admisiónes a colegios se hacen cada año más competitivas, los colegios prestan atención también a las actividades

NUESTRAS COMÚNIDADES ESTAN LLENAS DE ORGANIZACIÓNES QUE NECESITAN AYUDA Y QUE PROVEEN OPORTUNIDADES A LOS JOVENES PARA QUE PUEDAN ENVOLVERSE EN LA COMUNIDAD EN UNA FORMA MUY SIGNIFICATIVA.

extracurriculares. En mi opinión, las universidades ya no escogen tan solo a los más 'inteligentes', ahora ellos quieren a jovenes que sean inteligentes pero que también sean lideres. Aparte de mantener buenas notas, lo que hace el estudiante en su tiempo fuera de su sala de clase demuestra otras cualidades importantes, como el ser un lider, ser responsable, ser cometido a sus deberes y otras habilidades personales. El estudiante demuestra su inteligencia atraves de sus notas y el resultado de sus examenes, más atraves de sus actividades extracurriculares demuestran sus habilidades como lideres. Por supuesto que son muchos los estudiantes que se enfoquan solamente en la parte académica, que mantienen altas notas y que pasan sus examenes igualmente con altas notas y que luego son aceptados en los mejores colegios. Pero también existen muchos estudiantes que quizás no tengan las mejores notas académicas, pero que por sus actividades extracurriculares y habilidades atleticas, o sus servicios en la comunidad como voluntarios o lideres han sido aceptados en los mejores universidades. Para la mayoría de estudiantes debe de haber un balance justo entre los dos grupos.

Permitale a sus hijos a participar en la escuela en actividades extracurriculares después de clase o durante el tiempo de vacaciones. Los equipos atleticos por lo general práctican después de las clases, ROTC, usualmente tiene su programa después de las clases y durante las vacaciones, y asi mismo las clases de tutororía y los programas como MESA (Mathematical Engineering Science Association), y estas son tan solo algunas de las actividades a las cuales los colegios prestan atención. Yo comprendo que quizás sea difícil para usted el permitirle a sus hijos a quedarse después de la escuela, más por el bien de su hijo usted debe permitírselo. Si a usted le preocupa que quizás sus hijos no sean responsables, o bien el que puedan irse a otro lado con sus amigos en lugar de quedarse en la escuela, investigue quien es el director del programa que su hijo o hija quiere asístir, hable con ese director o directora directamente, preguntele exactamente que días su hijo o hija tendrá que quedarse después de clase para participar en el programa o actividad, y a que hora terminará la actividad. No le pida esa información a sus hijos porque al preguntarles a ellos usted les esta dando el poder para que le digan cualquier cosa que ellos le quieran decir, sea mentira o verdad. Por muy buenos que sean sus hijos siempre es mejor que usted hable directamente con el director de cada programa, y de esta manera usted estará seguro de tener la información correcta.

Los universidades siempre buscan que el estudiante participe en actividades extracurriculares, especialmente ahora que el requerimiento de admisión se a hecho tan competitivo. Diciendo, "Mis padres no me permitieron jugar fútbol americano después de la escuela," no le va a servir de nada a sus hijos ya que en el colegio eso no es una excusa aceptable.

Usted no debe limitar las opurtunidades de sus hijos, quizás ellos resulten lo suficientemente buenos estudiantes como para ganarse una beca por cualquiera de esas actividades en las que puedan ahora estar participando.

Durante las vacasíones anuales (verano, primavera e invierno) registre a sus hijos en cualquier programa que a

 ellos les pueda gustar. Existen muchos programas en los cuales ellos pueden participar y en los cuales ellos pueden aprender nuevas habilidades, como también pueden hacer trabajos voluntarios en su comunidad. Las computadoras están aquí para quedarse y el ser proficiente en ellas es una habilidad necesaria para sobrevivir y poder competir en una sociedad moderna. Hay algunos colegios en los cuales los estudiantes entregan sus tareas por medio de la computadora. La habilidad de la comunicación es también importante, la comunicación es la llave del mundo que cada día se hace más global, asi que aprender otros idíomas y el poder comunicarse con gente

diferente a nosotros mismos y que hablan otros idíomas es muy importante.

Si usted no quiere que sus hijos tomén clases avanzadas, o si sus hijos no quieren hacerlo, ellos pueden hacer servicios voluntarios en la comunidad. Una cosa que pueden hacer es ir a un parque ya que la mayoría de los parques tienen un director que ofrece programas durante las vacaciones, y su hijo o hija quizás pueda trabajar asístiendo al director en alguno de los programas. También el estudiante puede ir a un hospital y puede hablar con el director para ofrecer sus servicios como voluntario de dicho hospital. Nuestras comunidades están llenas de organizaciones que necesitan ayuda y que proveen oportunidades a los jovenes para que puedan envolverse en la comunidad en una forma muy significativa.

Un excelente sitio de internet para padres y estudiantes que yo recomiendo es www.collegeboard.com. Esta sitio tiene toneladas de información en lo que es el entero proceso del universidad, y ofrecen las siguientes indicaciones para padres y estudiantes con las que yo estoy completamente de acuerdo: Los colegios y universidades quieren que los estudiantes traigan habilidades y interéses únicos al cuerpo estudiantil de dicha universidad. El enfasís debe de estar en la calidad no en la cantidad, en la profundidad no en la amplitud.

Estan son algunas indicaciones para sus hijos en como se puede hacer lo más posible de las actividades extracurriculares:

* Come estudiante comprometete a un par de actividades que realmente te interésen a ti, en lugar de saltar en muchas a la vez.

* Haz de tus estudios académicos una prioridad.

* Demuestra tus habilidades como lider, por ejemplo, empieza un club de libros o un club de dicción en público en tu escuela.

* Demuestra iniciativa consiguiendo un trabajo; este puede ser un trabajo durante el verano para que asi esta gran experiencia no interrumpa tus estudios de la preparatoria.

* Como padre anime a sus hijos a explorar solamente un par de actividades y que se dediquen a ellos durante los años de la preparatoria.

* Persigue un servicio basado en una actividad en una

área que te exite y te interése a ti, asi demostrarás tu dedicación a tu comunidad y podrás explorar carreras que quizás te lleguen a gustar a ti.

El último punto que considero de importancia es de que el servicio de voluntario es la llave a muchos caminos inesperados, y que no se por que razón no son muchos los que lo hacen. El ser un voluntario es una gran manera para que sus hijos sean únicos, comparados con otros estudiantes. La mayoría de jovenes prefieren los deportes y lo académico, pero el ser voluntario es una área que casi siempre es neglegada. El estudiante que desee sobre salir y que siente que no tiene algun talento en especial, quizás el ser voluntario le pueda ayudar para sobresalir del resto del montón.

Hace diez años los estudiantes que recibían buenos grados tenían buenas opciónes al escoger la universidad al que deseaban ir. La situación hoy día a cambiado, los universidades ya no solo se enfocan en los estudiantes que sobresalen en la parte académica, si no que ellos ahora quieren también a esos estudiantes que puedan ser lideres. Eso no quiere decir que el estudiante tiene que ser el más inteligente o el más popular, pero si tiene que demostrar de alguna manera que sabe pensar por si mismo y que es capaz de hacer cosas sin que se le tenga que decir que lo haga. Hay muchas maneras para que el estudiante pueda demostrar esto; por medio de un club, perteneciendo al periódico de la escuela, académicamente, en debates, o deportes. De esta manera pueden demostrar que tienen potencial como lideres independientes. Lo que los universidades quieren es que los estudiantes les traigan reconocimiento a la universidad. Ganadores del Premio Noble le dan reconocimiento a cualquier universidad, pero también podría ser por medío de deportes, música, políticas, o cualquier otro talento que se tenga. Tiger Woods y Chelsea Clinton fueron a Stanford University y le dieron asi reconocimiento a esta universidad, aún cuando Stanford tiene gran reconocimiento por si mismos como una de las mejores universidades, el que Tiger Woods y Chelsea estudiarán alli causo que el nombre de Stanford resonará aún más. Las personas que pueden hacer algo asi son lideres y eso es lo que los universidades quieren – lideres.

Mitos #7

"Todas las universidades son lo mismo"

as universidades no son todas lo mismo por un par de razones. Primero está la parte estructural de la escuela, algunas universidades son sumamente grande con 40,000 estudiantes; otras en cambio son muy pequeñas, con tan solo unos cuantos miles. UCLA es un buen ejemplo de lo que es una escuela grande, mientras que Occidental (Oxy), a la universidad al cual yo fui, es un ejemplo de lo que es considerado una escuela pequeña. Los dos colegios tienen sus ventajas y sus desventajas. En Oxy, en una de mis clases eramos tan solo

103

cinco estudiantes. Un día no fuí a clase y el profesor me llamó por teléfono al cuarto de mi dormitorio en Oxy, y me preguntó porque razón yo no estaba en ese momento tomando la clase. En UCLA en las clases de mi hermano, las clases son tan grandes, algunas hasta con cuatrocientos estudiantes, que si un día el no va a clase nadie notaría su ausencia, menos aún el profesor. En Oxy yo pude mantener una relación personal con la mayoría de mis profesores, asi que cuando yo necesitaba la ayuda de ellos o alguna recomendación, no tuve ningún problema en recibir esa ayuda. Ahora mismo mi hermano está en UCLA y le está siendo difícil encontrar un profesor que lo conozca lo suficientemente bien para pedirle recomendaciónes y asi poder continuar con estudíos más avanzados. La mayoría de los que él trata son los asístentes de los profesores, que son estudiantes ya graduados. Esta es una desventaja si se comparara con las universidades pequeños ya que en estos sus clases son pequeñas y el estudiante mantiene en contacto continuo con su profesor.

Por otro lado, una universidad tan grande como UCLA también tiene muchisimas cosas magnificas que ofrecer. Entre esas cosas está el que aquí los estudiantes tienen la oportunidad de que pueden salir a estudíar al extranjero. Cuando yo atendía Oxy, los únicos paises a los cuales teniamos la opurtunidad de ir a estudiar eran Mexico, España o Rusia. Por el contrario, en UCLA los estudiantes tienen la oportunidad de ir a estudiar a casi a cualquier parte del mundo que ellos deseen ir a estudiar. En UCLA el estudiante tiene también la gran ventaja de que si desea hacer estudios de investigación aqui tendrá la mejor forma de conseguirlo ya que UCLA tiene magnificos programas de investigacíon. Yo estudie matemáticas en Oxy y deseaba muchisimo poder hacer algun estudio de investigación de matemáticas o bien poder haber sido un internista en esa misma materia, más en Oxy no teniámos esa opción, a diferencia de UCLA que si goza de un extenso programa en esas áreas. Como podrá usted darse cuenta, cada tipo de universidad tiene sus pros y sus contras.

Para los padres que no quieren que sus hijas estudien junto con varones existen universidades solo para mujeres. Existe también la opción de ir a una universidad local y asi el estudiante puede ir a su casa durante el fin de semana; como también existen universidades para las minorias. Algunos

105

estan localizados en las grandes ciudades otros en las afueras de la ciudad. Cada universidad tiene su propio enfoque o énfasis y diferentes ventajas y desaventajas. Si religión es sumamente importante para su familia, hay universidades de diferentes religiones. Si su hijo o hija es timida o vergonzosa y se le hace difícil tartar otras personas, quizás una universidad grande no sea lo más apropiado para ella o para él, pues en este caso quizás la mejor opción sería una universidad pequeña. Las universidades son también diferentes en el sentido de la reputación que cada una pueda tener en alguna área en particular. Cada universidad se especializa en diferentes aspectos de la educación. Probablemente en el área en que usted vive exista una escuela intermedia con una mejor reputación que otras, o quizás hay una preparatoria en el cual la mayoría de los padres tratan de poner a sus hijos dado la buena reputación de dicha preparatorias comparada con otras preparatorias alrededor de la ciudad los cuales quizás enfrentan grandes problemas. Asi mismo los colegios y universidades tienen su propia reputación. La reputación del colegio o universidad a la cual se aplica para una maestría o doctorado es muy importante ya que esto es tomado en consideración en las grandes corporaciones en las cuales el estudiante ya graduado quizás deseara aplicar para trabajar.

EL COSTO DE ENVIAR A SUS HIJOS AL COLEGIO TIENE QUE SER VISTO COMO UNA INVERSIÓN, Y ESTA ES UNA DE LAS MEJORES INVERSIONES QUE USTED PODRÁ HACER PARA EL FUTURO DE SUS HIJOS.

Cada año, revistas populares (*U.S. News & World Report*, *Princeton Review*) clasifican las universidades elite estadounidense. Usan una variedad de variables para decidir cual es la número uno. Las universidades también son clasificadas por especialización como el instituto de tecnología de Massachusetts (MIT) que quizas no sea número uno de conjunto, pero es la mejor escuela de ingeniería. Todo depende en el interés de sus hijos cual sea la mejor para ellos.

Recomendó que visiten la pagina en la red mundial de la revista "U.S. News" (www.usnews.com/usnews/edu college/rankings/rankings_brief.php) donde tienen las clasificaciónes de las universidades en todo el país. Abajo del nombre de

107

universidades tienen una lista de universidades con las características de cada una de las universidades. También tienen una lista con las mejores universidades según los programas que ofrecen o especialización. Como dije anteriormente, ahora muchas universidades tienes muchas areas de estudio, su familia y usted pueden investigar cuál es la mejor para sus hijos.

Mitos #8

"Las universidades son demasiado caras para nuestra familia"

Es cierto que mandar a sus hijos a la universidad *puede* costar mucho dinero, y el costo de los colegios sube constantemente; más yo quiero que usted piense por un momento en cuanto a gastado usted en comida, ropa, juguetes, lienzos adamascados y otras nececidades de sus hijos desde el momento en que ellos nacieron.usted seguramente ya a sacrificado miles de dolares en el desarrollo de unos hijos fuertes y saludables. ¿Cuanto de ese dinero podrá usted recuperar? NADA. Todo ese dinero fue bien usado. El costo de *enviar a sus hijos a la universidad tiene que ser visto como*

una inversión, y esta es una de las mejores inversiones que usted podrá hacer para el futuro de sus hijos. La educación es algo que nadie nos la puede quitar, y que si es usada apropiadamente puede cambiar dramaticamente el futuro de sus hijos y el dinero que ellos podrían llegar a ganar. Hay que recordar estas estadísticas que de acuerdo al Censo de Estados Unidos, que las personas que tienen un bachiller ganan un promedío del 60 porciento más que los que tan solo tienen un diploma de la preparatoria. En el trayecto de 30 a 40 años de carrera la persona con un bachiller puede llegar a ganar una adición mayor de un millon de dolares ($1,000,000) más que los que tan solo tienen una diploma de la preparatoria. Todos los sacrificios que ustedes tendrían que hacer para que sus hijos puedan graduarse del colegio les será regresado muchas veces duplicado durante el trayecto de los años de su vida professional.

En Estados Unidos existen ciertos grupos étnicos que son considerados 'grandes triunfadores'. Lo que esto quiere decir es que para el porcentaje de estudiantes de dicho grupo existe una gran sobrerepresentación de estudiantes de ese grupo asistiendo al colegio, colegio de maestría, y en algunas de las profesiones mejor pagadas de el país. Observando a la forma en que estos grupos ven la educación, y recalcando los beneficios que podrían traer a hogares latinos, quizás asi mismo el porcentaje de estudiantes latinos que se registran y llegan a terminar la universidad por fin pueda aumentar.

Uno de los grupos al que podríamos observar son los judíos, historicamente este grupo a experimentado descriminación y obstaculos al igual que otros grupos minoritarios, y sin embargo son ellos los que más mandan a sus hijos a la universidad en comparación con otras familias Americanas. En un libro recientemente publicado, *"The Jewish Phenomenon"* el autor, Steven Silbiger, dice, "La pregunta en un hogar judío no es si los hijos irán al colegio, si no que a que colegio asístiran, y que profesión estudiarán... En los U.S., se progresa de acuerdo a la educación que se tiene." En el hogar Latino debería de existir una mentalidad similar en la familia, que la pregunta no debe ser si irán al colegio, si no que la pregunta debe ser que, a que colegio irán y que carrera estudiarán.

El resultado de otros estudíos demuestran que otro grupo, los Asíaticos Americanos, lográn tener altos exitos académicos, y que para la proporción de su poblacíon son ellos los que van al colegio a un proporción más alto que ningun otro grupo de cualquiera otra raza. En un estudio hecho por la sociologa Kimberly Goyette y Yu Xie titulados, "Educational Expectations of Asían American Youths" ellas identifican factores importantes, los cuales son propios y que vienen bien al punto que yo estoy tratando de hacer, de que la educación debe verse como una inversión. "Los padres Asiaticos muchas veces ven la educación como el mejor vehículo para subir socialmente, tanto que el exito académico puede llegar hasta sobrepasar algunos de los obstaculos estructurales como es el de ser una minoría marginada en la sociedad americana." Algunos de los descubrimientos que se hicieron son;

* Todos los grupos asiaticos tienen **EXPECTACIONES EDUCACIONALES MÁS ALTOS** que los americanos blancos. Por ejemplo, se espera que 58.3% de estudiantes blancos se graduen de la universidad, mientras que todos los grupos asiaticos reportaron porcentajes más altos, con un rango de 67.9% de asiaticos del sureste, a 84.8% de los japoneses y koreanos, hasta 95.7% de los estudiantes del Sur de Asía que se espera se graduarán de la universidad.

* Algunos grupos (como los chinos y asiaticos del sureste) tienen un promedio de ingresos más bajo que los blancos sin embargo academicamente los asiaticos sobrepasan a los blancos. Aunque los Asíaticos de el sureste son mucho más pobre que los blancos, fueron los asíaticos los que reportaron **UNA MAYOR EXPECTACION EDUCACIÓNAL** mas que los blancos.

* Se encontro que los padres en todos los grupos asíaticos tenían **LAS MÁS ALTAS EXPECTACIONES EDUCACIONALES** para sus hijos que las que tenían los blancos. Al final del expectro más alto, los padres sur asiaticos son los que más esperan que sus hijos obtendrán una profesión o alguna maestría, con los padres chinos no muy atrás de esa medida. Estos datos demuestran que en contraste los padres blancos esperan que sus hijos atenderán al colegio por cierto tiempo más no necesariamente que terminarán los cuatro años con una diploma.

El punto importante aquí es que si usted como padre tiene altas expectaciones para sus hijos de que estos vayan y completen la universidad, sin poner toda su atención unicamente en lo que cuesta la universidad, serían muchos más nuestros estudiantes que desde una temprana edad tendrían en sus mentes el ir a la universidad pase lo que pase. Muchos padres desean y esperan que sus hijos puedan ir a la universidad, más ven esto tan solo como un sueño imposible de lograr. En lugar de tenerlo como algo que esperan y como una meta a lograr. Ustedes quieren lo mejor para sus hijos; ustedes quieren que sus hijos vayan al college y que lleguen a tener una buena vida, y asi mismo muchos de ustedes reconocen que la educación es un importante pasó para alcanzar todo eso. Más si llegan a salir obstaculos, muchos lo toman eso como el final de sus sueños en lugar de luchar y no permitir que esos obstaculos terminen con sus sueños y el buen futuro de sus hijos. Si los padres no luchan, eso tiene un efecto negativo en sus hijos a los cuales se le hace mas facíl el renunciar, o bien pierden el intencivo de dar el 100%. La actitud de ellos se convierte en una de, "Nosotros tratamos más no se pudo."

DESEAN Y ESPERAN QUE SUS HIJOS PUEDAN IR AL COLEGIO, MÁS VEN ESTO COMO TAN SOLO UN SUEÑO IMPOSIBLE DE LOGRAR, EN LUGAR DE TENERLO COMO ALGO QUE EXPECTAN Y COMO UNA META A LOGRAR.

Aunque el dinero si se debe tomar en consideración, yo les sugiero que no debe ser tomado como la cosa más importante. Conozco estudiantes que han sido aceptados tanto en USC como en UCLA y que han usado la rivalidad que existe entre estas dos universidades para empezar una guerra de competencia entre los colegios para ver quien es el que ofrece el mejor paquete de ayuda financiera. Esto es como cuando la persona va a comprar un carro y va a una agencia de carros y le dice al vendedor que en otra agencia le dan el mismo carro por $500 menos, y muchas veces la agencia termina por bajarle el precio al carro que usted desea comprar.

Los universidades también funcionan de esta manera algunas veces cuando ellos quieren que el estudiante se regristre con ellos porque quizás este es sobresaliente. Debe saber de que si es posible negociar el paquete de ayuda financiera con la universidad. Si su hijo es aceptado en siete diferentes universidades y usted decide de que el dinero es el gran problema, entonces escoja el colegio que le ofrezca el mejor paquete de ayuda financiera, más el dinero no debe de ser la razón que evite el que sus hijos vayan al colegio.

Como funciona la Ayuda Financiera

Todas las escuelas de enseñanza superior ofrecen algun tipo de ayuda financiera a sus estudiantes en orden de proveer acceso igual para todos sin importar la situación financiera de las familias. La ayuda financiera toma en consideración lo que la familia realmente puede pagar para el costo la universidad. Cerca del 60% de los estudiantes que en este momento asisten la universidad reciben algun tipo de ayuda financiera para ayudarles a cubrir el costo total del colegio. En este momento hay un record de $105 billones de dolares dispuesto para ayudar a los estudiantes y sus familias. La cantidad de dinero que la familia puede contribuir se le refiere frequentemente como Expected Family Contribution (EFC), (Expectación de la Contribución de La Familia).

Existen tres tipos principales de ayuda financiera que el estudiante puede recibir, grants/scholarships 'becas,' préstamos, y estudíos y trabajo en la universidad. Muchas veces los paquetes de ayuda financiera son una combinación de estos tres, y los estudiantes no están obligados a aceptar el paquete. Si lo desean pueden aceptar tan solo parte del paquete (scholarship) o bien pueden declinar tan solo el student loan 'préstamo'.

Fondos Gratuitos y Becas

Los fondos gratuitos no se tienen que pagar y el estudiante no tiene que trabajar para ganarlos. La ayuda del fondo gratuito viene del estado y el gobierno federal y de cada colegio individual. De acuerdo al Junta Directiva del Universidades, "Casi la mitad de todos los estudiantes reciben ayuda fondo gratuito. En 2002-2003 el promedio de ayuda fue casi de $2,000 por estudiante en las universidades públicos de dos años, más de $2,400 en universidades públicos de cuatro años,

117

y cerca de $7,300 por estudiante en universidades privados de cuatro años." Becas son usualmente otorgados basados en el merito de el estudiante, y muchos de los padres latinos y estudiantes no estan enterados de las muchas opurtunidades que se ofrecen de becas a traves de el National Hispanic y otras organizaciones. He incluido aqui el apéndice en las últimas páginas de este libro una lista de los lugares que ofrecen becas para los estudiantes latinos.

Trabajo-Estudio

El trabajo y estudio ayuda de los estudiantes a pagar por los costos de educación tales como los libros, suplementos, y gastos personales. Trabajo-estudio es una programa federal, que provee al estudiante con trabajo parte de medio tiempo para que no tenga ningun conflicto con los estudios del estudiante. Les permite lo necesario para cubrir sus necesidades financiera y asi mismo para que obtengan experiencia de trabajo. El programa de AmeriCorps ayuda con trabajos con servicios a la comunidad,o trabajo de tiempo completo después de la universidad con atractivos beneficios educacionales. Los estudiantes en un programa de AmeriCorps reciben pagos por los diferentes tipos de servicios a la comunidad. Al final de un cierto número de horas de servicios, el award (dinero) que se les da les permite a los estudiantes pagar los préstamos, pasados, presentes o futuros de la universidad. No se requiere calificar para obtener fondos para la universidad a través del programa de AmeriCorps, solamente la entrega a proveer servicios a la comunidad.

Préstamos

La mayor parte de la ayuda financiera que el estudiante recibe viene en forma de préstamos, ayuda que hay que pagar. Los préstamos del año pasado acuentan por cerca de un 70 porciento de toda la asistencia financiera federal dispuesta a la ayuda de los estudiantes en las universidades. La mayoría de estos programas tienen un interés muy bajo disminuido por el gobierno federal y es basado en las necesidades de el estudiante. El gobierno subsidiza los préstamos en forma de que ningun interés sea agregado al préstamo hasta que el estudiante empieza a pagar el préstamo, lo que usualmente empieza seis meses después que este se gradua o deja la universidad.

El pedir un préstamo no tiene nada de malo. Cuando yo me gradué de Universidad de Occidental sali debiendo $40,000 en préstamo. Muchos doctores cuando se graduan después de muchos años de estudios, salen debiendo más de $100,000 en préstamos. Aunque yo salí debiendo $40,000, yo tengo diez años para pagar el préstamo y ese es el tiempo que normalmente se le da a cada estudiante para pagar su préstamo. Yo no tengo que pagar ningun interés dado que yo trabajo en una escuela del área de Los Angeles, y hoy día debo tan solo $25,000 pero estoy ganando cerca de $80,000 al año. El pago mensual del préstamo es tan solo de $200 por mes, algo que no es difícil de pagar. Lo mismo sucede con los medicos y otros graduados que terminan debiendo de $100,000 a $150,000 en deudas cuando se graduan, pero que al final terminan ganando mucho más y eso les facilita el poder pagar sus préstamos. El deber dinero cuando uno va a la universidad no tiene nada de malo, y debe de verse tan solo como una inversión. Al principio las cosas van a estar un poco apretadas, más a la larga la persona graduada estará ganando el dinero suficiente para poder pagar dicho préstamo (loan). El ser graduados de una universidad abre las puertas a los trabajos más altamente pagados

Requisitos de Elégibilidad

En orden que sus hijos sean elegibles a los varios tipos de ayuda financiera federal y estatal que esta disponible para ayudar a pagar el costo de la universidad se requiere que el estudiante:

1. Sea admitido o regristado como estudiante por lo menos mitad de tiempo.

2. Este estudíando para la certificación de un graduado.

3. Ser un ciudadano o un residente elegible.

4. Mantener un progreso académico satisfactorio.

5. Estar regristado para el servicio selectivo, si esto fuera requerido.

6. No tener ningun préstamo federal educacional en mal estado.

Es muy importante que obtengan papeles de inmigración para que puedan ser ciudadanos. Es frustrante para mi, como maestro, ver a los estudiantes con notas superiores y no puedan asistir a una universidad por el estado inmigratorio. Esperan

121

hasta el último momento posible y el estudiante sufre porque no puede recibir ayuda financiera por el estado de inmigración, por favor trabajen pronto para ayudar a sus hijos. El apéndice detras del libro tiene la información de contacto de organizaciónes que les pueden ayudar, como CARECEN (El Centro de Refugio para Centroamericanos), LULAC(La Liga de los Ciudadanos Unidos de America Latina), MALDEF (La Liga de los Ciudadanos Mexico-Americanos), y mucho más cosas que les pueden ayudar. Como ciudadanos sus hijos recibiran mucho más ayuda, por eso es importante comenzar temprano.

No es que sea imposible, y las leyes siempre estan cambiando, pero siempre es mucho más difícil conseguir ayuda cuando no se es ciudadano. La posibilidades son menores para el estudiante que no es residente legal de que pueda recibir una beca o ayuda financiera. Si sus hijos no tienen sus papeles ellos son considerados estudiantes extranjeros. La situación de los estudiantes extranjeros es mucho mas difícil que la situación de los estudiantes ciudadanos, y en las universidades hay mucho mas lugares diponibles para los ciudadanos de los que hay para los extranjeros. Los requerimientos para ser elegible para ser ciudadano de Estados Unidos o un ciudadano elegible (#3) es algo que en recientes años a caído bajo una intensa escrutinidad, y leyes han sido introducidas para cambiar esto.

En el estado de California fue pasado AB 540 como ley y esto permite que estudiantes que no son residentes pero que han hido a la preparatoria en California califiquen para pagos de cargo dentro del estado. El AB 540 requiere que, "todos los estudiantes, sin importar el estatus de este, quizás califique para pagos internos del estado a la Universidad de California (UC), Universidades del Estado de California (CSU), y colegios de la comunidad, si es que el estudiante LLENA todos los siguientes requerimientos:

1) Asístir a una preparatoria en California por tres o más años.

2) Ser graduados de una high schoolpreparatoria o haber pasado el GED: y

3) Llenar una declaración con la universidad afirmando de que a aplicado para un estatus emigratorio legal o que aplicará tan pronto sea elegible a hacerlo.

123

De hecho, California y Texas fueron los primeros estados que dejaron a los estudiantes indocumentados pagar los costos universitarios del estado solamente, no los costos extranjeros. Desde eso, Nueva York, Utah, Washington, Oklahoma, Illinois, y Kansas hicieron lo mismo. Hay varios otros estados haciendo lo mismo como Arizona, Colorado, Delaware, Florida, Georgia, Hawaii, Massachusetts, Maryland, Minnesota, Nueva Jersey, Nebraska, Nuevo México, Carolina de Norte, Oregon, Rhode Island, y Wisconsin que estan considerando leyes similares. Un importante dato que la legislación de Texas es que "La legislación que permita estos gastos reducidos dice que el estudiante necesita que ver los requisitos de las universidades.

Diferencias de Costo

AB 540 reduce el costo de los colegios y universidades para los estudiantes con estado de inmigrante que fueron previamente forsados a pagar como estudiantes de fuera del estado sin importar el estado de su residencia en California. La diferencia que existe entre el costo de ser un estudiante que es del estado (in-state) y uno que no es del estado (out-of-state) es significante:

- Los universidades de la comunidad de california:

  $26/por unidad (in-state)/ $242/por unidad (out–of-state).

- Universidad del Estado de California:

  $2,916 (in-state), / $10,170 (out-of-state)

- Universidad de California:

  $22,150 (in-state) / $39,970 (out-of-state).

AB 540 requiere que los colegios y universidades mantengan confidencial la información de los estudiantes, y el estatus emigratorio del estudiante no puede y no será reportado al INS.

Texas a pasado también una ley similar recientemente, y mi recomendación es que todos los padres investigen más acerca de esto, que consulten con un abogado que se especialize en emigración, o que contacten alguna organización en su comunidad que le pueda dar respuestas a sus preguntas o bien que lo puedan referir a una agencia que tengan especialidad en esta área. Usted puede encontar la lista completa de estas organizaciones en el apéndice de este libro.

Existe otra ley que aún no a pasado, pero que está siendo considerado por la legislatura llamado The Development, Relief, y Educacion for Alien Minors Act or DREAM Act introducido en Julio 31, 2003, el cual podría traer cambios mayores a las leyes actuales:

- Eliminar los requerimientos federales que desanima a los estados a proveer pagos dentro de los estados (in-state) sin tomar en cuenta el estatus emigratorio; y

- Permitir algunos estudiantes emigrantes que han crecido en los Estados Unidos para que apliquen para poder obtener estatus legal.

El paisaje legal y político a cambiado constantemente en lo que se refiere a los derechos de los estudiantes emigrantes para una igualdad educacional, especialmente en California, Texas y otros estados con fronteras. En California salió la Propocisión 187, la cual negaba la educación, beneficios para la salud, y beneficios de asistencia para emigrantes ilegales, y la propoción 227 con la cual habría desaparecido la educación bilingue. Hay años cuando tal pareciera que la política llega a favorecer a los emigrantes y hay otros años en los cuales la política no es tan favorable para los emigrantes.

Las leyes en estos momentos están cambiando en lo que se refiere a los beneficios de los padres latinos y los estudiantes para que puedan calificar para programas de ayuda federal y estatal para los jovenes que han vivido en los Estados Unidos, han atendído a la escuela aquí por varios años, y que han obtenido aceptación en instituciones de mayor aprendizaje.

Los padres deben de tratar de ser muy responsable y deben manejar bien cualquier cosa que les sea requerido tanto para los padres como para los hijos para que puedan tomar ventaja de todas las oportunidades presentes o de otras que se podrían presentar.

Siempre se lleva tiempo para procesar las aplicaciones de los estudiantes para ayuda financiera, y los expertos recomiendan que los estudiantes apliquen para ayuda financiera en el colegio o universidad que ellos prefieran aún antes de saber si han sido aceptados por dichas instituciones. Las razones para esto son varias, particularmente el hecho de que los oficiales de ayudas financieras en las universidades consíden dichas ayudas basados de acuerdo como van recibiendo las aplicaciones, esos que aplican primero reciben la ayuda primero. Cada estudiante que piensa atender al colegio debe llenar una Aplicación Gratis de Estudiantes para Ayuda Federal (FAFSA).

Para figurar lo que cuesta un año académico de college o universidad, los siguientes costos son considerados: Valor del cargo annual, cargos especiales, libros, dormitorios y mantenimiento, 2-3 visitas a casa durante el año y dinero para gastos personales.

Lista de Reviso para los Estudíantes

Lo siguiente es una lista de los pasos más importantes a seguir por cada estudiante que necesita aplicar para ayuda financiera

- Pedir una aplicación para ayuda financiera (financial aid) de cada universidad seleccionada. El estudiante debe aplicar a más de una universidad, uno a la universidad que realmente desea atender, uno a la universidad que el estudiante piense que si puede ser aceptado y uno más para mayor seguridad de que si sea aceptado por alguno de los universidades. Se puede aplicar por internet a muchos de los universidades.

- Completar la aplicación tan pronto como sea posible. Si el estudiante está realmente seguro de la universidad al que quiere atender, si hay posibilidades de una temprana admisión, los requerimientos para una temprana admisión deben ser obtenidos en ese universidad en la oficina de admisión.

- En enero del año ultimo el estudiante debe llenar y completar la forma de FAFSA.

- Responder inmediatamente a cualquier carta o información que sea requerida por los universidades. El estudiante puede aceptar o declinar cualquier parte que no desee del paquete de ayuda.

 Los padres deben decirles constantemente a sus hijos de que ustedes quieren lo mejor para ellos, tan solo una vez quizás no sea suficiente. El proceso de cuando se entra a la universidad es un camino largo y incierto y es importante de recordar siempre de cuanto ellos significan para usted, de cuanto usted los ama, y de que solo desea lo mejor para ellos, y que su deseo de que ellos vayan a la universidad es porque eso les daría mejores oportunidades en la vida. La actitud y mentalidad de sus hijos depende primordíalmente de ustedes más que de nadie mas. Si sus hijos observan en ustedes que se preocupan por el futuro y educación de ellos, ellos también tomarán la misma actitud de ustedes. Si la educación de ellos es una alta prioridad en sus vidas, asi mismo lo será para ellos. Es muy crítico el establecer eso tan pronto como sea posible porque cuando ellos llegan a cierta edad ellos son mas influenciados por sus amigos, vecinos, compañeros de clase, etc. Dejeles saber de que usted les apoyará a ellos en su educación.

La comunicación es muy importante, si los jovenes no se sienten seguros de que ellos pueden hablar con ustedes de lo que sea ellos no alcanzarán un progreso máximo. Los jovenes necesitan sentirse seguros de que si pueden venir a ustedes y hablarles de cualquier cosa que ellos sientan la necesidad. Al trabajar junto con sus hijos usted conseguirá mucho más para que ellos alcancen su mayor potencial.

Espero que este libro les de la información en la cual de alguna manera ustedes encuentren que es una ayuda para usted y su familia. En los Estados Unidos existen grandes opotunidades para los latinos, apesar de algunos retos legales, al ser bilingues los estudiantes latinos van a tener una ventaja sobre los estudiantes que tan solo hablan un idioma. El hablar inglés es sumamente importante, pero en casa usted debe continuar hablandole a sus hijos en español.

Las corporaciones grandes comienzan a darse cuenta o quizás deba decir de que ya se han dado cuenta del rapido crecimiento y poder de compra de la populacíon latina. La demanda por latinos profesionales en todas las areas como son leyes, medicina, ingeniería, y educación continuará creciendo junto con la populacíon. Usted debe ver esas oportunidades y expliqueles a sus hijos las razones de el porque es que usted quiere que ellos vayan a la universidad,

131

y de que es el que ellos puedan tomar ventaja de las oportunidades que serán generadas y para que ellos puedan ayudara a la comunidad.

Cuando usted compra un carro nuevo, le tomará de tres a cinco años para pagar por el carro, y para cuando usted termine de pagarlo este ya habra perdido mucho de su valor y ya no lucira tan bonito como cuando lo compro. Cuando sus hijos van a la universidad, y ellos si pueden ir a la universidad si es que verdaderamente asi lo desean, todos ustedes tendrán que hacer grandes sacrificios y sus hijos probablemente al terminar su carrera tendrán una gran deuda que pagar. La diferencia entre el ir a una universidad y el comprar un carro nuevo es de que para cuando sus hijos terminen sus carreras, ellos tendrán en sus manos una herramienta que les abrirá un gran futuro ya que estarán mejor preparados para enfrentar la vida. Con la educación lograda y la experiencia que acumularán, poco a poco el valor de la educación recibida subirá continuamente de valor, no como el carro que después de tan solo cuatro años habra bajado mucho de valor. Buena suerte a usted y en especial a sus hijos. Mi mayor triunfo con este libro será si consigo convencer a muchos de ustedes y a sus hijos acerca de las grandesas que puede traerles una educación universitaria y de esta manera den el primer pasó. El primer pasó a la universidad, y a un mejor futuro.

Las estadísticas nacionales dicen que hay una alerta de estudiantes latinos con notas bajas. Hay razones numerosas por esto, y muchas soluciones, pero la más importante es la que tiene usted, como padre, activo en la educación de sus hijos. Buena suerte a usted y en especial a sus hijos, al mañana de ellos, y recuerden de que **Sí SE PUEDE**.

Enseñansa de Padres que Trabaja

*(Nosotros nos sentamos con Lileana Elicegui, la madre del
autor de este libro, y una fuerte creyente en el envolvimiento
de los padres en la educacion de los hijos, para conocer mas
acerca de su manera de educar a sus hijos y las cosas que
ella hizo que le ayudaron a tener un buen resultado. Estuvieron
presente en esta entrevista dos niños, Ah'Keyah (11) y Aakeem
(8) los cuales tambien hicieron preguntas. Ustedes algunas
veces notaran las respuestas dirigidas a los ninos que hicieron
preguntas.)*

Pregunta: ¿La primera vez que puso a su hijo en la escuela,
que tipo de información tenía usted acerca del sistema escolar
en los Estados Unidos?

Respuesta: Para ser honesta con usted, ninguna. La única
información que teníamos era de que la educación publica de
aquí no era muy buena. Esa era la unica información que
teníamos y basicamente era información que habíamos
escuchado de otras personas, gente que conociamos, y de
algunos padres que se quejaban de la educación que sus hijos
estaban recibiendo. En esos tiempos la educación en
Nicaragua, el país de donde yo vengo, era muy buena. Hoy
día la educación allá tampoco es la misma. Yo regresé allí en

135

los años noventas y tuve la oportunidad de observar a mis sobrinos lo que hacían en la escuela y pude darme cuenta de los cambios en la educación. En mis tiempos escolares la educación era mucho más completa y avanzada, hoy día esto ya no es así.

Yo no puedo hablar mucho acerca de las escuelas públicas de acá ya que mis hijos nunca estuvieron en escuela pública. Todo lo que sé es por todo aquello que escucho de otros padres, cómo también todo lo que se escucha en la televisión o leemos en los periódicos.

P: ¿Entonces usted no puso a sus hijos en la escuela pública a causa de todo lo que había escuchado?

R: Esa fue una decísión que nosotros tomamos desde un principio, en parte porque queriamos una mejor educación para nuestros hijos pero también debido a nuestra fe religiosa. Para serle honesta, yo conozco muchos niños que han estado en escuela publicas y que han recibido una buena educación y son buenos muchachos. Verdaderamente yo pienso que el sistema educacional no es bueno, basada en lo que se escucha de que hay tantos jovenes en la universidad que ni siquiera saben leer. Yo considero que eso no es justo para esos estudiantes, ya que ellos no están preparados para competir con aquellos que si han sido bien preparados. Estos estudiantes son puestos en una posición para la cual no están bien preparados. En mi opinión, sería mejor si el estudiante no pudiera pasar a la preparatoria hasta que no se comprobara que este realmente sabe leer bien y que esta listo para la preparatoria. De esta manera cuando el estudiante llegara a la preparatoria él o ella podrá prepararse mucho mejor para ir a la universidad.

P: ¿Siente usted que sus hijos fueron bien preparados bien al haber asistido a escuelas privadas?

R: Sí, y lo se porque yo ayudé muchas veces en las salas de clases, y tuve la oportunidad de observar y comparar a los maestros.

P: ¿Que hizo que usted quisiera ayudar en las salas de clases?

R: Yo necesitaba saber lo que sucedía en las clases. Yo necesitaba saber que clase de educación mis hijos estaban recibiendo. Para mi era importante que ellos me vieran envuelta en lo que ellos estaban haciendo. Es importante que los hijos sepan que su educación es importante para sus padres. Yo pienso que eso es sumamente importante.

P: ¿No era suficiente el decirles, "Vayan a la escuela, la educación es importante"?

R: Absolutamente no.

P: ¿Porque no, eso es lo que muchos padres hacen?.

R: Pienso que la mayoría de padres que hacen eso lo hacen porque piensan que ellos no pueden ayudarles a sus hijos. Yo no digo que yo tenga una gran educación para ayudarles a mis hijos, pero era importante para que ellos supieran que tenían que hacer lo más que ellos pudieran y que yo estaba ahí para tratar de ayudarles a que hicieran lo más que pudieran hacer.

P: ¿ Es eso algo que usted aprendio de su familia en su niñez?

R: Si, mi madre fue una madre soltera y tenía su trabajo en la casa más no tenía tiempo para sentarse con nosotros a estudiar. Cuando yo tenía seis años mi madre me sentaba al lado de ella, donde estaba trabajando, y me pedía que le leyera el periódico pues a los seis años yo ya sabía leer. Ella me hacía leerle el periódico todos los días con la voz muy alta y clara para que ella pudiera oirme bien, y entonces ella me preguntaba cosas referente a lo que yo estaba leyendo. Cuando tenía que estudiar mis tareas escolares, yo tenía que aprender de memoria todo y entonces tenía que pararme en frente de la clase y decir la lección palabra por palabra en frente de todos y después teníamos que explicar lo que habíamos comprendido. Todas las noches mi madre me hacia leerle a ella, y no me revisaba las tareas, pero se aseguraba de que yo hiciera mis tareas porque las hacía al lado de ella. Mi madre no tenía el tiempo de sentarse a explicarme pero siempre estaba segura de que yo tenía todo hecho.

139

P: ¿ Que pueden hacer los padres que están muy ocupados para ayudarles a sus hijos a que hagan lo más que puedan en la escuela?

R: Cuando el niño va por primera vez a la escuela y le dan sus primeras tareas para hacer en su casa, no importa la edad que tenga el niño, cuatro o cinco años, después que el o ella come algo y se cambia su ropa enseguida debe sentarse a hacer sus tareas, desde el primer día. No importa si le toma una o dos horas, no importa que paren de cuando en cuando, lo importante es que ellos aprendan y que tomen el hábito de que lo primero que ellos deben de hacer después de descansar una media hora es el hacer sus tareas y que deben tomarlo como su priodidad y responsabilidad diaria. Ellos deben saber que no son libres hasta que no hayan terminado sus tareas. Si el padre hace esto desde un principio, desde el primer día que les den tareas y día con día sin ninguna excusa, de esta manera el hacer sus tareas lo primero se convertirá en un hábito para él o para ella. Más adelante ni siquiera tendrá que pensarlo porque ya estará acostumbrado y será algo que se le hará lo más fácil. Será más fácil para el estudiante y más fácil también para el padre que no tendrá que estarle diciendo una y otra vez que hagan su trabajo porque ellos ya se habrán formado el hábito de hacer sus tareas sin que se les tenga que decir. Lo mismo se debe de hacer cuando tienen tareas durante el fin de semana, que sea lo primero que hagan y de esta manera tendrán libre el resto del fin de semana para hacer lo que ellos quieran.

P: ¿ Porque cree usted que los padres aún cuando no están ocupados le dan excusas a sus hijos?

R: Porque algunas veces los padres sienten que ellos no pueden ayudar a sus hijos o que ellos no saben lo suficiente para ayudarlos, quizás porque ellos no hablan el idioma, o si hablan el idioma pero no tienen la educación que les de a ellos la confianza de que ellos si pueden ayudarles a sus hijos con sus tareas escolares. Ellos quizas hasta sientan verguenza con sus propios hijos.

P: ¿ Entonces que le aconsejaria usted a ellos que hagan?

141

R: Si ellos tienen tiempo, ellos necesitan sentarse con sus hijos, por lo menos al principio, y si tienen algo que hacer deben entonces venir a ver constantemente de que sus hijos si estan haciendo sus tareas. Vengan a verlos continuamente porque sus hijos necesitan saber que ustedes están ahí constantemente pendiente de ellos, y ellos deben de sentirse seguros de que si necesitan ayuda de ustedes que los pueden llamar y que ustedes vendrán a tratar de ayudarlos.

P: ¿Que pasa, cuando el niño llama a sus padres por ayuda, y estos no pueden ayudarles?

R: Con suerte quizás usted tenga algun amigo o amiga que sepa un poco más que usted, al cual usted pueda llamar y pedirle que le ayude a resolver el problema. Si usted no tiene a nadie que lo pueda ayudar, en la mañana el padre debe de ir a hablar con la maestra y explicarle la situacion y decirle que quizás ella le puede ayudar a usted para que usted pueda ayudarle a sus hijos.

P: ¿Apoya usted el dicho de que, 'Se lleva una villa para formar a un niño'?

R: En un mundo mejor esto sería maravilloso, pero en el mundo en que ahora estamos viviendo los mismos padres les fallamos cada día más a nuestros hijos. Parece cómo que todos estuvieramos viviendo en un torbellino y son muy pocos los que están dispuestos a hacer algo por ayudar a otros. Nadie tiene tiempo para nadie, y vivimos con cierto temor y desconfianza entre unos y otros. Por lo general a veces uno ni siquiera se conoce con los vecinos, asi que no se puede esperar que estos nos puedan ayudar. Pienso que algunas veces, los padres no están dispuestos a hacer todo cuanto podían por sus hijos. ¿Cómo pues podemos esperar a que la villa nos ayude, si esta villa crecío tanto que ahora todos han cambiado sus prioridades?

P: La educación es muy importante para muchos padres y estudiantes latinos, pero usted menciona que piensa que las prioridades se han confundido. ¿Que quiere usted decir con eso? ¿Que es lo que los padres están considerando cómo más importante que la educación?

R: La vida se hace cada día tan difícil que muchos padres necesitan que sus hijos vayan a trabajar, y muchos padres están ansiosos por que sus hijos terminen la preparatoria para que ellos puedan empezar a trabajar. Lamentablemente, hoy día también se observa, no tan solo al padre típico que se desliga de sus responsabilidades cómo padre, si no que ahora podemos ver, que muchas madres también ponen sus propias necesidades por encima de las de sus hijos. Pienso que las prioridades para un padre o madre pueden cambiar poco a poco, quizás sin que estos se den cuenta de que sus prioridades no son las que debían de ser. Para los más pobres es porque tienen que trabajar más horas para poder traer un poco más de dinero a casa. Cuando el padre llega a casa, él piensa que él ya cumplío con su tarea, y ahora el merece sentarse en frente del televisor, y no quiere que lo molesten. La madre también llega cansada de su trabajo pero ahora ella tiene que preparar la comida y probablemente tendrá que lavar algo de ropa o algunas otras cosas que hacer. Por lo tanto, al final los niños en muchos de esos hogares pasan al después, 'después hijo' y muchas veces el después no llega porque para entonces ya es hora de dormir. Muchos de estos niños no reciben el estímulo de que su meta para mejorar su vida debe ser la universidad, ya que muchos de estos padres estarán muy orgullosos con tan solo que sus hijos puedan recibir su preparatoria diploma, esto tan solo ya es un triunfo para ellos. La rutina de la clase media es algo parecida. En este caso algunos padres se envuelven algo en los que haceres del hogar. Pero muchos otros padres traen su trabajo a casa, y no tienen el tiempo para dedicarle a sus hijos. Las madres en estos hogares tienen casi la misma rutina que las madres que trabajan en una fabrica, más no sé si estoy equivocada, pero me parece que muchas de las madres en este grupo algunas veces trabajan largas horas. Muchas de estas madres se envuelven bastante en sus trabajos y al igual que muchos padres ellas tambien suelen traer su trabajo a casa. Hoy día hay muchas de estas madres para las cuales su trabajo es su prioridad. De una manera u otra los padres trabajan más que nada para darle a los hijos la mejor vida que se les pueda dar, pero de alguna manera el resultado muchas veces es de que sí se le da un poco más a los hijos, cosas materiales. Mas en esto de darle un poco más a nuestros hijos, terminamos dandoles un poco menos de nosotros mismos.

P: Usted dice que cuando sus hijos iban a la escuela, usted ayudaba en la sala de clase. ¿Como sucedio eso?

R: La escuela de mi primer hijo era pequeña asi que yo no ayudaba en las salas de clases. La escuela tenía un grupo de madres las cuales ayudaban en diferentes actividades de la escuela (Room Mothers), o madres de cuartos. Yo me envolvi en este grupo en el cual nos reuniamos para planear actividades para conseguir dinero para la escuela, festivales. comidas, etc. y acompañabamos tambien a los estudiantes a diferentes excursiones (field trips) que la escuela tenía durante el año. La escuela de mi segundo hijo es una escuela bastante más grande. En esta escuela permiten a unos cuantos padres a que ayuden en las salas de clase asistiendo a los maestros en cosas cómo organizando papeles u otras cosas necesarias, como también estar presente como observante en los momentos de recreo de los estudiantes. Empecé a ayudar en los cuartos de clase desde un principio. Cuando lleve a mi hijo la primera ves a la escuela él no se quería quedar, entonces la maestra me dijo que si quería podía quedarme y ayudarla a ella. Esa fue una gran sulución para mi ya que de esta manera ya no tenía el problema con mi hijo, él estaba contento con tan solo saber que yo estaba cerca, aún cuando yo lo ignoraba para qué el no estuviera pendiente de mi. Aparte de que nosotros vivimos bastante retirado de la escuela, unos 50 minutos ida y vuelta, la clase duraba tan solo tres horas, para mi era mucho más conveniente quedarme ayudando que ir a mi casa y tener que regresar una hora después, aparte de la gasolina que podía economizar. También aquí me envolvi en el grupo de Room Mothers, el cual se envuelve mucho en todo lo que sucede en la escuela.

P: ¿Parece que cómo familia ustedes hicieron sacrificios para asegurarse de que sus hijos tuvieran una buena educación?

R: Cada padre hace y tiene que hacer sacrificios por sus hijos. Sacrificios que no se sienten que son sacrificios, ya que el amor por los hijos es mucho más fuerte que el sacrificio mismo. En nuestro caso yo tuve la suerte de que por algun tiempo pude trabajar en la casa y al mismo tiempo pude estar con mis hijos. Después las cosas cambiaron, y ya no pude continuar con mi trabajo asi que toda la responsabilidad económica cayo en los hombros de mi esposo. Para él la tarea a sido sumamente pesada, en orden de que yo pudiera estar con ellos en casa, y para que nuestros hijos pudieran recibir la educación que nosotros queríamos para ellos, él a tenido que trabajar sin parar durante los ultimos treinta años. Si, en treinta años él nunca se a tomado unas vacaciones, durante todos esos años tan solo en dos ocaciones tomó tiempo libre y eso tan solo porque se vío obligado a hacerlo y por tan solo un total de veintisiete dias. Desde entonces han pasado ya veintidos años de trabajo continuo, sin ni siquiera una semana de vacaciones. Sin embargo, él siempre hizo el tiempo para darselo a nuestros hijos, desde ayudando a preparar los cumpleaños de nuestros hijos, o bien llevandolos y ayudando en todos los deportes que nuestros hijos hacían, o llevandolos a la libreria, o bien a cualquier función que hubiera en la escuela. Ahora nuestro hijo menor está por terminar la universidad, entonces su padre podrá retirarse y tomarse todo el descanso que tiene más que merecido. Después de haber estado tantos años en casa, algo que agradezco tanto por haber podido disfrutar el ver a mis hijos formarse y convertirse en dos grandes muchachos, que están dispuestos a hacer su parte por un mundo mejor, me encuentro preguntándome a mi misma ¿y ahora que? El no haber trabajado todos estos años fuera de casa, me pone frente a un mundo muy diferente al que existía cuando yo trabajaba afuera. Si bien ya soy una mujer de bastante edad, yo todavía podría trabajar unos cuantos años. Esto es algo que a mi me gustaría hacer, más debo reconocer que me asusta bastante ese mundo que abandone hace tantos años y que ahora es tan diferente.

P: Si usted no hubiera escuchado cosas malas acerca de las escuelas en los E.U.A., ¿habría usted de todas maneras ayudado en las salas de clase?

R: Si, porque yo quería que nuestros hijos entendieran que su educación era importante para nosotros, y que al ver ellos que yo me envolvía en su escuela yo les daba un ejemplo de que tan importante lo era.

P: ¿Que piensa usted que será el porque de que tantos niños no terminan la preparatoria ni van a la universidad?

R: Me parece a mi que quizás los jovenes necesitan que se les empuje más en esa dirección desde muy joven, tanto en la escuela como en su casa. Ellos necesitan ver una estructura más positiva en ambos lugares. Pero la realidad es que los padres están demasiado ocupados, y en las escuelas no importa que tan buenas sean las intenciones, obviamente no están dando el resultado que debía ser. Una de las mayores razones para esto se debe a la tremenda falta de disciplina que existe en ellas. Lo peor es que tantos jovenes indisciplinados le roban a los estudiantes, que si son disciplinados y que si desean estudiar, el tiempo de que los maestros puedan instruirlos a ellos. Si las leyes cambiarán y la disciplina pudiera regresar a las escuelas, sin llegar a los extremos del pasado, eso traería un cambio rotundo para el beneficio de nuestros jovenes. Hasta que los "expertos" y aquellos que tienen el poder no entiendan que es tiempo para un cambio, seguiremos viendo a nuestros hijos sin alcanzar todo su potencial. Esos en el poder tienen que comprender que la falta de disciplina es una terrible forma de negligencia. Lo más triste de esto es que hay muchos que aunque ellos mismos reconocen esto, no hacen nada por cambiar la situación ya que eso no sería "politicamente correcto". De esta manera se sigue sacrificando a los jovenes ya que depende de nosotros y no de ellos el que haya un cambio. Los llamados "expertos" y las leyes le han robado a los padres el poder formar a sus hijos como ellos sienten que debían hacerlo. Los padres ya no saben cuales son sus derechos como padres y practicamente muchos de ellos dejan a sus hijos que se formen así mismos, así que existen muchos jovenes que están formandose así mismos con la imagen que ven en sus amigos o bien en la televisión. Se les a dicho tanto a los jovenes acerca de sus derechos que se les a confundido a ellos. Ellos no creen tener limites tan solo derechos, no sienten tener responsabilidades, tan solo derechos, ellos no tienen que respetar a otros pero ellos si demandan respeto. Los expertos fallaron al decirle a los padres lo que no deben de hacer, lo que no tienen derecho a hacer, mas no se tomaron el tiempo para decirles lo que si debían de hacer para formar jovenes triunfadores, dejando a muchisimos padres sin saber que hacer hasta el punto de que muchos han renunciado a sus responsabilidades como padres dandole el poder a sus hijos de hacer lo que ellos quieran porque ellos, los padres, tienen miedo ya que no saben que es lo que se les es permitido hacer o no hacer. En una palabra, los padres tienen miedo de ser acusados de abusar a sus hijos, y tienen miedo de que sus hijos puedan pensar de que ellos no los quieren. En cierta forma, es como que las leyes y los expertos han roto algo en las familias al punto que algunos hijos cuando son disciplinados por sus padres ven en ellos a sus enemigos. Son tantos los padres que sienten no tener ningun poder en el como criar a sus hijos que es verdaderamente lamentable. Existen pues diferentes razones por las cuales tantos jovenes no terminan la preparatoria y menos aun van a la universidad. La gran falta de disciplina, el no tener un mejor control en las escuelas, la falta de una mejor estructura y la falta de un mejor enfoque en preparar a los jovenes desde los primeros años de su educación escolar, los padres que en cierta forma se desligan de sus responsabilidades, padres que no saben como guíar a sus hijos, los padres que estan demasiado ocupados y no disponen de tiempo para sus hijos, y tantas otras razones que podríamos nombrar, hasta padres que practicamente le dicen a sus hijos que ir a la universidad no es para ellos o bien que es una pérdida de tiempo.

P: ¿Como es que ellos hacen eso?

R: Muchos de estos padres son muy pobres y sin ninguna educación, y algunos de ellos considerán que los estudios son para otra gente de una mejor situación que la de ellos, y algunos están ansiosos porque sus hijos puedan ir a trabajar lo antes posible para que ayuden a la familia y así se lo hacen saber a sus hijos.

P: ¿De donde viene eso?

R: Por que algunos de estos padres si estuvieran viviendo en sus paises probablemente sus hijos empezarían a trabajar a una temprana edad para ayudar a la familia. Lo bueno es que cada día son más los padres que poco a poco van dandose cuenta de que lo mejor para sus hijos es el obtener una educación.

P: ¿Que es lo que los ha hecho a ellos darse cuenta de esto?

R: Pienso que el ver a jovenes de su misma situación ecónomica que están estudiando en las universidades y mejorando sus vidas. También la influencia de la televisión que es muy importante y que trata de educar a todos acerca de la importancia que tiene el terminar la preparatoria y aún más el ir a la universidad. Pero siempre están esos padres que si quieren que sus hijos vayan a la universidad pero que se sienten impotentes cuando sus hijos se rehusan a continuar su educación.

P: ¿Que le diria usted a esos padres?

R: Les diría que como padres uno tienen que buscar formas de convencer a los hijos de que la educación siempre será el mejor camino a seguir para ellos. Nosotros siempre les dijimos a nuestros hijos, desde que ellos eran muy niños, de que simplemente existen tres formas de ganarse la vida, dos de estas formas son en una forma honrada y la otra es en una forma deshonrada. La forma deshonrada es considerada por algunos la vía mas fácil. Nosotros les dijimos a nuestros hijos que esta forma de ganarse la vida no tiene nada de fácil, que en realidad es mucho más difícil, porque el que vive de esta manera también tiene que poner su tiempo para conseguir dinero en cualquier manera deshonesta que se escoja. Por lo general tienen que hacerlo por la noche cuando otros ya estan descansando y por encima de eso no debe ser nada fácil tener que andarse cuidando de que las leyes no los vayan a atrapar. Por lo tanto, ¿que sentido tiene él escoger este tipo de vida si él solo hecho de tener que andarse escondiendo ya es un trabajo en si? Si desean ganarse la vida honradamente y en una manera más fácil, lo primero que se debe de hacer es estudiar lo más que se pueda y educarse bien para ir a la universidad. Con un título universitario se abren muchas puertas y aún cuando también se tiene que trabajar duro, por lo menos se trabaja en algo que la persona haya escogido hacer y rodeado de un ambiente mucho mas agradable. Una de las grandes ventajas de tener una educación es el que se puede escoger el trabajo que más le agrade a la persona y encima de eso con un salario mucho mas elevado que el que puede ganar la persona que no tiene una educación universitaria. Les explicamos a nuestros hijos de que también uno puede ganarse la vida sin tener que estudiar tanto y sin tener que hacerlo de una forma deshonrada, pero que si ellos preferian tomar la forma más fácil no estudiando, pues que el resultado de eso sería de que al final terminarían trabajando muy duro por el resto de sus vidas. Que no se puede escoger la clase de trabajo que uno desearía hacer y que para ganar un poco más se tiene que trabajar largas horas. Yo como madre siempre les puse a mis hijos el ejemplo de su padre el cual por no tener una educación pero que siendo un hombre sumamente trabajador, a trabajado muchisimo, muy fuerte y muy duro y por largas horas para pódernos dar a nosotros, su familia, una vida confortable y una muy buena educación a ellos, pero todo gracias a su tremendo esfuerzo y grandes sacrificios. Para nuestros hijos fue muy fácil escoger cuando se les decía que estaba en ellos el escoger lo que querían hacer con sus vidas ya que tenían dos opciones, si no estudiaban, a los dieciocho años tendrían que tomar cargo de sus vidas buscando trabajo en lo que encontraran y que tendrian que trabajar tan duro como su padre el resto de sus vidas o bien que estudiaran y se formarán un buen futuro, una vida mas fácil. Se les debe de poner a los hijos el ejemplo de otras personas, el de alguien que tenga un buen trabajo gracias a sus estudios, y preferiblemente que fuera alguien a quien ellos admiren. Se les debe explicar a ellos que los años de vida de el adulto son muchos y que siempre será mejor estudiar un poco más duro en la escuela a tener que trabajar tan duro el resto de sus vidas.

P: ¿Que tan pronto les empezo a hablar a ellos de la universidad?

R: Se les debe de empezar a hablar de la universidad tan pronto como sea posible. Tan pronto como los niños empiezan a comprender y quizás hasta antes para que ellos se empiecen a familiarizar con la palabra, universidad. Sin que llegue a sonar como una imposicion para ellos, se les debe de hablar de cuando vayan a la universidad como algo natural, no como una imposición, y no como algo que se duda si sucederá o no.

157

P: ¿Es cierto que a muchos padres no les gusta tomar préstamos para ir a la universidad, o bien no lo ven bien el meterse en deuda para eso?

R: Quizás el tomar ese tipo de préstamo asuste a muchos padres ya que eso es algo que ellos desconocen como funciona como parte del sistema. Hay que recordar que siempre se escucha a alguien comentando que les va llevar muchisimos años pagar los préstamos de miles y miles con los cuales a veces terminan algunos estudiantes. Lo que los padres deben saber y recordar es de que en esta vida que vivimos siempre estamos en deudas de una manera o otra. El tomar un préstamo par ir a la universidad es como tomar un préstamo para comprar una casa. Cuando se toma un préstamo para comprar una casa se lleva muchisimos años para pagar esa deuda, pero el tener uno su propia casa es el sueño de la gran mayoría y muchos lo considerán un sueño imposible. El tomar un préstamo para ir a la universidad viene siendo la misma cosa, muchos sueñan con ir a la universidad pero lo considerán imposible y también puede llevarse muchos años para pagar el préstamo. Lo que se debe tomar en cuenta es que el mejor préstamo que cualquiera puede llegar a tener es el de una universidad, ya que esta le dará las herramientas que le ayudarán a forjarse un mejor futuro y el pagar ese préstamo no será más duro de lo que puede ser para ustedes ahora estar pagando sus tarjetas de crédito que estarán pagando ahora por cosas que para cuando ya terminan de pagar el crédito quizás ya ni tengan aquello que les a llevado tanto tiempo pagar. En cambio, cuando se termina de pagar un préstamo univiersitario les quedará algo que tendrán para toda la vida, su educación universitaria. Una educación, que para entonces ya les habrá permitido mejorar su vida en muchas formas.

P: ¿Cree usted que el que los padres hayan hido a la universidad tiene algun efecto en que los jovenes si vayan a la universidad?

R: Pienso que sí puede tener efecto en los hijos el que los padres hayan estudiado. Los padres que están más educados tienen mejores conocimientos en cómo guiar a sus hijos y más o menos saben lo que se debe de hacer para que sus hijos

159

tengan una educación. Muchos de estos padres aspiran a que sus hijos también vayan a la universidad y sus hijos muchas veces tienen mejores oportunidades y la inclinación de alcanzar esa educación. Pero también hay muchos padres que aún cuando ellos carecen de una educación anhelan verdaderamente que sus hijos se eduquen.

P: ¿Cuales serían las cosas que usted recomendaría a los padres que hagan para ayudar a sus hijos a prepararse para la universidad?

R: Les recomendaría que empiecen por ellos mismos, comprendiendo que se les debe a los hijos dar lo mejor de uno mismo. Que al no tener los padres una educación debe usarse tan solo como un intensivo para que sus hijos si lleguen a obtener una educación. Que el no tener los medios ecónomicos nunca debe ser un impedimento para que sus hijos estudien, si ellos no pueden tomar un préstamo que lo tomen sus hijos. Que se debe de romper con las barreras que la ignorancia llega a veces a imponer en nosotros, y no permita que esas barreras roben a sus hijos el aspirar o alcanzar una

160

vida mejor. Enseñele a sus hijos a soñar, aspirar, y a luchar por alcanzar esos sueños. Que comprendan, y que hagan ver a sus hijos, que la mejor salida para alcanzar muchos triunfos se encuentra en la educación. Envuelvanse ustedes desde un principio en la escuela de sus hijos, aunque sea por una hora al mes. Asegurese que los maestros le conocen a usted y de que sepan que ustedes quieren ser siempre informados de cualquier cosa que concierna a sus hijos. Que los maestros sepan que cualquier problema que pase con sus hijos, ustedes demandan saberlo inmediatamente, y que sepan también que ustedes siempre están dispuestos a trabajar y a apoyarles a ellos con todo lo que pueda ayudar a sus hijos. Si usted no tiene mucha escuela, acerquese a los maestros y expliqueles su situación. Pidales que le aconsejen en que forma podría usted a ayudar a sus hijos para que ellos se interesen en los estudios y como puede usted ayudarlos en casa, y sigan ustedes sus consejos. Respete a los maestros de sus hijos, y pida a sus hijos que respeten a sus maestros. Permita a sus hijos que sean niños pero ayudeles a ellos desde un principio a formarse la disciplina de que al llegar a casa ya después de haber comido algo deben, lo primero, hacer sus tareas escolares. Sin

161

excepción, a menos que surgierán cosas importantes en la familia, los niños deben formarse el hábito de hacer sus tareas lo primero cada día. De esta manera una vez que van creciendo esto se convertirá en un hábito para ellos, y ustedes no tendrán que estar peleando con ellos cada día, ni ellos sufrirán haciendo sus tareas. Este usted cerca, o venga a cada momento a ver lo que están haciendo cuando ellos están haciendo sus tareas. Una vez que ellos hacen sus tareas permitales que jueguen un poco. Mantenga un ojo en sus hijos y no les permita ir muy lejos donde usted no sepa donde ellos están o que están haciendo. Conozca usted a los amigos de sus hijos ya que esos amigos tendrán mucha influencia en sus vidas. En la escuela busque la forma de que sus hijos se envuelvan en obras extracurriculares, deportes, arte, o cualquier otra cosa que a ellos les interese. Animelos a sobresalir en sus clases y que no se vayan siempre por lo más fácil. Entre mas avanzadas son las clases que tomen, más seguros estarán ellos de que están listos para aplicar a la universidad. Hablen con los maestros y los consejeros de las escuelas para que ellos les guien en como hacer para trasar un plan que hará que esten listos. Si el consejero no puede ayudarles, busquen ayuda fuera de la escuela ya que si se lo proponen siempre podrán encontrar lugares o personas que podrán ayudarlos dandoles la información de lo que deben de hacer. Trate de formar en sus hijos el orgullo de ser quien ellos son, y de todo cuanto ellos pueden llegar a hacer en la vida. Enseñeles, que es mentira que solamente los demas pueden ir a la universidad. Que no son solo otros los que pueden obtener mucho en la vida, pues ellos también pueden alcanzar mucho de lo que ellos se propongan hacer. Enseñele a sus hijos, a que vean la educación cómo una forma de liberación. Si, la educación es la llave que abre la cerradura que mantiene a tanta de nuestra gente en último lugar.

P: ¿Que pueden hacer los padres para que sus hijos se mantengan motivados en ir a la universidad a pesar de la presión que ellos enfrentan cada día con algunos de sus compañeros?

R: Es muy dificil para los los jovenes hoy día, ya que ellos enfrentan cada día muchas presiones negativas, asi que los padres, ahora más que nunca, tienen que tratar de conocer a

163

los amigos de sus hijos. Si hacen esto desde que ellos son niños, quizás ustedes puedan conocer a los padres de esos amigos y asi relacionarse con ellos para que de esta manera sepan de donde vienen esos niños y cuales son sus costumbres. Quizás encuentre que tienen mucho en común con ellos y hasta los mismos valores que tienen ustedes. Enseñenles a sus hijos, desde una edad temprana, a que sepan escoger a sus amigos. Enseñeles a que deben respetarse asimismos y que por lo tanto deben escoger amigos con los que se puedan respetar mutuamente. De esta manera, ustedes los jovenes evitaran la presión que a veces los amigos se ponen los unos a los otros. Cuando el joven o la joven tiene alguna amistad que trata de apartarlo de sus metas, traten de ser honestos con ustedes mismos y piensen si esta amistad podra durar toda la vida y si vale la pena sacrificar todo un futuro por mantener dicha amistad. Piensen ustedes que si esta amiga o amigo es una persona negativa y no cree en la importancia que tiene el ir a la universidad, quizas esto se deba a que no a habido nadie que le pudiera dirigir por el camino indicado. Aunque tu le estimes a el y quisieras ayudarlo, piensa que tu eres demasiado joven para tomar tal responsabilidad y debes de aceptar que tu futro es demasiado importante para echarlo a perder. Cuando un joven empieza a hacer cosas dado a la presión de sus amigos, el joven se esta dejando manipular por esos amigos, y le dan poder sobre si mismos a esos amigos. El joven se convierte en un seguidor, cuando bien podia ser un líder.

P: ¿Que tan importante es la participación de los padres para que mas jovenes latinos vayan a la universidad?

R: Pienso que son los padres los que tienen la parte mas importante para asegurarse de que los jovenes latinos puedan cada vez mas asistir a la universidad. Los padres son los que estan en la vida de estos jovenes desde un primer momento, asi que son ellos los que desde muy temprana edad deben de hacer el esfuerzo por sembrar en sus hijos la curiosidad, el interes en los estudios y el deseo de aspirar a alcanzar grandes cosas en la vida. Somos nosotros, los padres, los que debemos de buscar los medios para motivar a nuestros hijos continuamente para que se superen. Por supuesto, el sistema educativo es fundamental para que estos jovenes puedan superarse, y para que puedan ellos alcanzar sus metas.

P: ¿Como pueden los padres manejar las situaciones con maestros que sean negativos con sus hijos?

R: Primero que todo, desde un principio se le debe enseñar a los hijos a que deben respetar a sus maestros. Tambien es muy importante que exista un mutuo respeto entre padres y maestros. Lo primero que se debe de evitar es de que cuando surgan problemas estos se puedan complicar. Asegurense de que sus hijos les hablen cada dia acerca de como les fue en la escuela. Que ellos sepan que aunque se metan en problemas si pueden venir a ustedes y que juntos trataran de solucionar la situación. Hablen con los maestros y si realmente sus hijos han cometido alguna falta, ellos deben de disculparse. Si fuera el maestro el que tiene una actitud negativa, ustedes deben de hablar a solas con estos y hacerles ver de que ustedes estan dispuestos a encontrar una solución para terminar con el problema, y que por lo tanto esperan que ellos hagan lo mismo. Hablen con los maestros desde el principio de el año escolar. Diganles que ustedes quieren que siempre se les informe cualquier cosa que se refiera a sus hijos, y que ustedes les apoyan a ellos y a sus hijos. Que estan dispuestos a hacer todo cuanto puedan para ayudar en el aprendizaje de sus hijos. Asegurense que cuando los maestros les vean, que sepan quienes son ustedes. Ustedes pueden ayudar para que sus hijos tengan el respeto de sus maestros, enseñandoles a sus hijos a ser respetuosos y haciendole ver a los maestros que tan importantes son sus hijos para usted.

Apéndice I

Recursos De la Beca

3M Engineering Awards
National Action Council for Minorities in Engineering
350 5th Avenue, Suite 2212
New York, NY 10118-2299
Tel: (212) 279-2626
Propósito: Ayuda financiera a los seniors de la High School secundaria de la minoría que están planeando perseguir una carrera en la ingeniería.

A

AIA/AAF Minority/Disavantaged Scholarship Program
American Institute of Architects
1735 New York Avenue, N.W. Washington, DC 20006
Tel: (202)626-7565
Propósito: Ayuda financiera a los estudiantes de la High School secundaria y de universidad de la minoría y/o de los fondos perjudicados que no tendrían de otra manera la oportunidad de ser alistado en estudios arquitectónicos profesionales.

Alice Newell Joslyn Medical Fund
BECA Foundation
830 East Grand Avenue, Suite B
Escondido CA 92025
Tel: (760) 741-8246
Propósito: Ayuda financiera a los estudiantes de Latino en California meridional que están interesados en la preparación para una carrera en el campo de la salud.

169

American Institute of Chemical Engineers
Minority Scholarship Awards
3 Park Ave.
New York, NY 10016
Tel: (212) 591-7478
Propósito: Ayuda financiera a los graduados de la High School secundaria interesados en estudiar ciencia o dirigir.

American Physical Society
Attn: Minorities Scholarship Program
One Physics Ellipse
College Park, MD 20740-3844
Tel: (301) 209-3200
Propósito: La ayuda financiera a underrepresented a estudiantes de la minoría interesados en estudiar la física en el nivel del estudiante.

Amigos Scholarship Foundation Inc.
c/o Partners for Community Development
901 Superior Avenue
Sheboygan, WI 53081
Tel: (414) 459-2780
Propósito: Ayuda financiera a los residentes americanos hispánicos del condado de Sheboygan, planeamiento de Wisconsin de entrar en la universidad o de continuar con metas equivalentes de la educación.

Amoco Community Dealers Scholarship
Aspira of New York, Inc.
470 Seventh Avenue, Third Floor
New York, NY 10018
Tel: (212) 564-6880
Propósito: Ayuda a los estudiantes de la High School secundaria de Puerto Rican en el área de New York City.

170

Asociación Boricua de Dallas, Inc.
Scholarship Fund Scholarship Committee
P. O. Box 740784
Dallas, TX 75374-0784
Propósito: Ayuda financiera a merecer los seniors hispánicos de la High School secundaria que residen en la Dallas-Fortaleza digno de área metropolitana.

Aztec Academic Awards
Spanish Speaking Citizens Foundation
1470 Fruitvale Avenue
Oakland, CA 94601
Tel: (510) 261-7839
Propósito: Ayuda a los seniors hispánicos en California norteÑa que están interesados en ir a la universidad.

B

Bayer ACS Scholars Program
American Chemical Society
1155 16th Street, N.W.
Washington, DC 20036
Tel: (202) 872-6250
Propósito: Ayuda financiera para los estudiantes de la minoría que tienen un interés fuerte en quÌmica y un deseo de perseguir una carrera en una ciencia qui'mico-relacionada.

Beca Foundation General Scholarship
830 East Grand Avenue, Suite B
Escondido CA 92025
Tel: (760)741-8246
Propósito: Ayuda financiera para la educación postsecondary a los estudiantes de Latino que residen en áreas seleccionadas de California meridional.

171

Becas Ecked
Hispanic Scholarship Fund
One Sansome Street, Suite 1000
San Francisco, CA 94104
Tel: (415) 445-9936
Propósito: Ayuda financiera a los seniors americanos hispánicos de la High School secundaria en las ciudades seleccionadas que están interesadas en atender a la universidad.

Bill Coggins Community Leadership Award
Watts Counseling and Learning Center
1465 East 103rd Street Los Angeles, CA 90002
Tel: (323) 564-7911
Propósito: La ayuda financiera para la universidad a los residentes del condado de Los ¡ngeles que tienen demostrated una comisión al servicio de comunidad voluntario adentro underserved a comunidades.

Booker T. Washington Scholarships
National FFA Organization
6060 FFA Drive P.O. Box 68960
Indianapolis, IN 46268-0960
Tel: (317) 802-4321
Propósito: Ayuda financiera a los miembros de la minoría FFA que están interesados en estudiar agricultura en universidad.

C

C.S. Kilner Leadership Award
A Better Chance, Inc.
419 Boylston Street Boston, MA 02116-3382
Tel: (617) 421-0950
Propósito: Para reconocer y recompensar a estudiantes excepcionales de la High School secundaria de la minoría.

Calahe General Scholarship

Connecticut Association of Latin Americans in Higher Education, Inc.
P.O. Box 382 Milford, CT 06460-0382
Tel: (203)789-7011
Propósito:A yuda financiera a los seniors de la High School secundaria de Latino y a los estudiantes de universidad en Connecticut.

California Chicano News Media Association

Joel Garcia Memorial Scholarship
3800 South Figueroa St.
Los Angeles, CA 90037
Tel: (213) 740-5263
Propósito: Ayuda financiera a los estudiantes cualificados de Latino que están planeando perseguir una carrera en periodismo.

Cesar Chavez Awards

Spanish Speaking Citizens Foundation
1470 Fruitvale Avenue
Oakland, CA 94601
Tel: (510) 261-7839
Propósito: Ayuda financiera a los estudiantes hispánicos en California norteÑa que están interesados en atender a una universidad o a una universidad pública en el estado.

Charles E. Price Scholarship Award

National Technical Association
5810 Kingstown Center
Alexandria, VA 22315-5711
Tel: (757) 827-9280
Propósito: Ayuda financiera a los estudiantes de la minoría interesados en la ingenierÍa eléctrica o industrial.

173

Charleston Gazette Minority Scholarships
Attn: Managing Editor
1001 Virginia street, east
Charleston, WV 25301
Tel: (304) 348-5100
Propósito: Ayuda financiera para la universidad a los seniors de la High School secundaria de la minoría de Virginia Occidental meridional y central.

Charlotte Observer Minority Scholarships
600 South Tryon Street
P.O. Box 30308
Charlotte, NC 28230-3038
Tel: (704) 358-5715
Propósito: Ayuda financiera a los seniors de la High School secundaria de la minoría en Carolina del Norte que están interesados en perseguir una carrera en el campo del periódico.

Chevrolet Excellence In Education Award
Attn: GM Scholarship Administration Center
702 West Fifth Avenue
Naperville, IL 60563-2948
Tel: (888) 377-5233
Propósito: Ayuda financiera para la universidad a los seniors americanos hispánicos de la High School secundaria.

Chevrolet Excellence in Education Scholarship
P. O. Box 80487
Rochester, MI 48308
Propósito: Ayuda financiera a los graduados de la High School secundaria basados en éxito académico, experiencia profesional, actividades extracurricular, y servicio de comunidad.

Chevy Prizm Scholarship In Design
MANA, A National Latina Organization
1725 K Street, N.W., Suite 501
Washington, DC 20006
Tel: (202) 833-0060
Propósito: Ayuda financiera a Latinos que está interesado en la educación del estudiante o del graduado en diseño.

Chevy Prizm Scholarship In Engineering
MANA, A National Latina Organization
1725 K Street, N.W., Suite 501
Washington, DC 20006
Tel: (202) 833-0060
Propósito: Ayuda financiera a Latinos que está interesado en la educación del estudiante o del graduado en la ingeniería.

Chicago Sun-Times Minority Scholarship and Intership Program
401 North Wabash Avenue
Chicago, IL 60611
Tel: (312) 321-3000
Propósito: Ayuda financiera y experiencia profesional a los estudiantes de universidad de la minoría en el área de Chicago que están interesados en la preparación para una carrera en periodismo de la impresión.

Chicana/Latina Foundation Scholarship Competition
P.O. Box 1941
El Cerito, CA 94530-4941
Tel: (510) 526-5861
Propósito: Ayuda financiera para la educación postsecundary a las mujeres de Latina en el área de la bahía de San Francisco.

Club Estrella Scholarship

P.O. Box 217
Mountain View, CA 94042
Propósito: Ayuda financiera para la universidad a los estudiantes de Latino en el condado de Santa Clara, California que están graduando de High School secundaria o de universidad de comunidad.

Coca-Cola Scholars

P.O. Box 442
Atlanta, GA 30301
Tel: (404) 733-5420
Propósito: Ayuda financiera para los estudiantes de la High School secundaria que mantienen un mìnimo GPA de 3.0 en el final de su aÑo menor en High School secundaria.

Coleman A. Young Scholars Program

243 West Congress Street
Detroit, MI 48226
Tel: (313) 963-3030
Propósito: Ayuda financiera para la universidad para los seniors perjudicados de la High School secundaria en Detroit.

Colgate "Bright Smiles, Bright Futures" Minority Scholarships

Attn: Institute for Oral Health
444 North Michigan Avenue, Suite 3400
Chicago, IL 60611
Tel: (312) 440-8944
Propósito:La ayuda financiera a los estudiantes de la minoría alistó en programas asociados en higiene dental.

Colorado Society of CPA's Scholarship for High School Students
Colorado Society of Certified Public Accountants
Attn: Educational Foundation
7979 East Tufts Avenue, Suite 500
Denver, CO 80237-2843
Tel: (303) 741-8613
Propósito: Ayuda financiera a los seniors de la High School secundaria de la minoría en Colorado que planean estudiar contabilidad en universidad.

Community College Transfer Program
Hispanic Scholarship Fund
One Sansome Street, Suite 1000
San Francisco, CA 94104
(415) 445-9930
Propósito: Ayuda financiera a los estudiantes americanos hispánicos que están atendiendo a una universidad de comunidad e interesado en la transferencia a una institución de cuatro años.

Congressional Hispanic Caucus Institute (CHCI)
504 C Street N.E.
Washington, D.C. 20002
Tel: (202) 543-1771
Propósito: Ayuda financiera a los estudiantes que demuestran calidades de la dirección y planean entrar en la universidad.

Connecticut Association of Latin Americans in Higher Education, Inc. (CALAHE)
P.O. Box 382
Milford, CT 06460-0382
Propósito: Ayuda financiera a los estudiantes de universidad de los seniors de la High School secundaria o del equivalente y del estudiante de GED.

177

Connecticut Education Foundation Minority Scholarship Fund

21 Oak Street, Suite 500
Hartford, CT 06106-8001
Tel: (860) 525-5641
Propósito: Ayuda financiera a las minorias en Connecticut que están interesadas en la preparación para una carrera de enseñanza.

Cox Minority Journalism Scholarship Program

Cox Newspapers, Inc.
Attn: Scholarship Administrator
P.O. Box 105720
Atlanta, GA 30348
Tel: (404) 843-5000
Propósito:Proporcionar experiencia profesional y ayuda financiera a los graduados de la High School secundaria de la minoría en áreas sirvió por los periódicos de Cox Enterprises.

Crazyloco Scholarship Program

P.O. Box 302
Woodbury, NY 11797
Tel: (516) 692-0420
Propósito: Ayuda financiera a los seniors que gradúan basados en el logro académico, la necesidad, y calidades personales.

Cristina Saralegui Scholarship Program

National Association of Hispanic Journalists
Attn: Scholarship
National Press Building
529 14th street, N.W., Suite 1193
Washington, DC 20045-2100
Tel: (202) 662-7143
Propósito: Ayuda financiera y experiencia profesional a los estudiantes de estudiante americanos hispánicos interesados

178

en la preparación para las carreras en los medios.

Crystal Charitable Fund
Oak Park-River Forest Community Foundation
1042 Pleasant street
Oak Park, IL 60302
Tel: (708) 209-1560
Propósito: Ayuda financiera a los niÑos y a los adultos jóvenes en el área metropolitana de Chicago de las familias empobrecidas.

CTA Human Rights Scholarship
California Teachers Association
Santa Clara County Service Center Council
34 South Second Street, Suite 206
Campbell, CA 95008
Propósito: Ayuda financiera a las minorÌas en el condado de Santa Clara (California) que están interesadas en la preparación incorporar la profesión de enseúanza.

Cuban American Scholarship Program
P.O. Box 6422
Santa Ana, CA 92706
Tel: (714) 835-7676
Propósito: Para proporcionar la ayuda financiera para la educación postsecondary para los estudiantes americanos cubanos en California.

Cuban American Scholarship Fund
P.O. Box 6422
Santa Ana, CA 92706
Tel: (714) 835-7676
Propósito: Ayuda financiera a los seniors de la High School secundaria de la pendiente cubano con un mÌnimo GPA de 3.0 que planean atender a la universidad en California.

Cuban-American Teachers Association Scholarships
12037 Peoria street
Sun Valley, CA 91352
Tel: (818) 768-2669
Propósito: Ayuda financiera a los seniors de la High School secundaria de la herencia cubano en California meridional que están interesados en atender a la universidad.

D

Daisy and L.C. Bates Minority Scholarship Program
Southwestern Bell Foundation
P.O. Box 165316
Little Rock, AR 72216
Propósito: Ayuda financiera para la universidad a los seniors de la High School secundaria de la minoría en Arkansas.

Daniel Gutierrez Memorial General Scholarship
BECA Foundation
830 East Grand Avenue, Suite B
Escondido CA 92025
Tel: (760) 741-8246
Propósito: Ayuda financiera a los estudiantes de la High School secundaria de Latino del área de San Diego que planean atender a la universidad.

Defense Intelligence Agency
Attn: DAH-2
200 MacDill Boulevard
Washington, DC 20340-5100
Propósito:Cuota completa a los seniors de la High School secundaria interesados en majoring en informática, la geografìa, estudios extranjeros del área, relaciones internacionales, o ciencia política.

Domingo Garcia Community Award
Spanish Speaking Citizens Foundation
Attn: Youth and Family Services
1470 Fruitvale Avenue
Oakland, CA 94601
Tel: (510) 261-7839
Propósito: Ayuda financiera a los estudiantes hispánicos en California norteña que están interesados en ir a la universidad.

Dr. Juan Andrade Jr. Scholarship
for Young Hispanic Leaders
431 South Dearborn Street, Suite 1203
Chicago, IL 60605
Tel: (312) 427-8683
Propósito: Ayuda financiera a los estudiantes de la High School secundaria que planean atender a la universidad.

E

The East Bay College Fund
63 Lincoln Ave.
Piedmont, CA 94611
Tel: (510) 658-7877
Propósito: Ayuda financiera a los estudiantes públicos del este de la High School secundaria de la bahĺa (al este de área de la bahĺa de San Francisco).

Edison International Scholarships
P.O. Box 800
Rosemead, CA 91770
Tel: (213) 553-9380
Propósito:La ayuda financiera a los seniors de la High School secundaria admitidos a la universidad y es la primera en su familia para atender a la universidad.

181

Ellen Masin Prisna Scholarship
National Press Club
529 14th Street, N.W. Washington, DC 20045
Tel: (202) 662-7500
Propósito: Ayuda financiera a los seniors de la High School secundaria de la minoría interesados en la preparación para una carrera en periodismo en universidad.

Engineering Vanguard Program Scholarships
National Action Council for Minorities in Engineering
350 Fifth Avenue, Suite 2212
New York, NY 10118-2299
Tel: (212) 279-2626
Propósito:Para proporcionar ayuda financiera y otra a los estudiantes de las High Schools secundarias del centro urbano que están interesadas en la ingeniería studing en el nivel de la universidad.

Esperanza Scholarship Fund
4115 Bridge Avenue
Cleveland, OH 44113
Tel: (216) 651-7178
Propósito: Ayuda financiera a los estudiantes que residen en los condados nordestales selectos de Ohio.

F

Fight for Your Rights Leadership Foundation
648 Broadway, Suite 301
New York, NY 10012
Propósito: Ayuda financiera a los líderes del estudiante que son por lo menos seniors a tiempo completo en High School secundaria con un foco en trabajo en el área de la justicia y de la contra-discriminacio'n sociales.

Fort Wayne News-Sentinel Minority Scholarship
600 West Main Street
P.O. Box 102
Fort Wayne, IN 46801
Tel: (219) 461-8417
Propósito: Ayuda financiera a los seniors de la High School secundaria de la minoría en el área de la circulación del Noticia-Centinela de fuerte Wayne que están interesados en periodismo como carrera.

G

Gates Millenium Scholars
P.O. Box 10500
Fairfax, VA 22031
Tel: (877) 690-4677
Propósito: Ayuda financiera de ayudar a estudiantes a atender a las instituciones de aprender más alto de su opción.

H

Hispanic College Fund (HCF)
One Thomas Circle, NW, Suite 375
Washington, D.C. 20005
Tel: (800) 644-4223
Propósito: Ayuda financiera a los estudiantes que se han aceptado o se alistan como estudiante de estudiante en universidad.

Hispanic Designers Model Search
JC Penney Company, Inc.
6501 Legacy Drive
Plano, TX 75024
Tel: (972) 431-4655
Propósito:Para reconocer y recompensar modelos hispánicos excepcionales.

Hispanic Heritage Awards Foundation
2600 Virginia Ave NW
Suite 406
Washington, DC 20037
Tel: (202) 861-9797
Propósito: Ayuda financiera a los seniors hispánicos de la High School secundaria en doce áreas metropolitanas importantes: Chicago, Dallas, Houston, Los Angeles, Miami, Nueva York, Philadelphia, Phoenix, San Antonio, San Francisco el área de la bahía de San Diego, y mayor Washington, D.C.

Hispanic Outlook Scholarship Fund
210 Route 4 East, Suite 310
P.O. Box 68
Paramus, NJ 07652-0068
Tel: (201) 587-8800
Propósito: Ayuda financiera para la universidad a los seniors de la High School secundaria de la pendiente hispánica.

Hispanic Scholarship Council Scholarship
Hispanic Scholarship Council
285 International Parkway
Lake Mary, FL 32746
Tel: (407) 771-8163
Propósito: Ayuda financiera para la universidad a los estudiantes hispánicos que gradúan de High School secundaria en la Florida central.

Hope Scholarship Fund
Hispanic Office of Planning and Evaluation
165 Brookside Ave. Extension
Jamaica Plain, MA 02130-2624
Tel: (617) 524-8888
Propósito: Ayuda financiera a Latinos que atenderá a la universidad en Massachusetts.

HP DEI Scholarship/Internship Program
Hewlett-Packard Company
3000 Hanover St.
Palo Alto, CA 94304-1185
Tel: (650) 857-3495
Propósito:La ayuda financiera y la experiencia profesional a underrepresented seniors de la High School secundaria de la minoría de las comunidades señaladas que están interesadas en estudiar la ingeniería o la informática en universidad.

I

Ian M. Rolland Scholarship
Lincoln Financial Group
1700 Magnavox Way, 1W11
Fort Wayne, IN 46804
Tel: (219) 455-2390
Propósito: Ayuda financiera a los seniors de la High School secundaria de la minoría que están interesados en perseguir una carrera como actuario.

"I Have A Dream" (IHAD)
Foundation Scholarships
330 Seventh Ave.
New York, NY 10001
Tel: (212) 293-5480
Propósito: Ayuda financiera a los estudiantes de áreas de ingreso bajo.

Independent Colleges of Southern California Scholarship Program
555 South Flower St., Suite 610
Los Angeles, CA 90071-2300
Tel: (213) 553-9380
Propósito: Ayuda financiera a los estudiantes de la minoría que planean atender a una universidad de cuatro años

185

independiente en California meridional.

Indiana Professional Chapter of SPJ Diversity in Journalism Scholarship
Society of Professional Journalists-Indiana Chapter
Indiana University School Of Journalism
902 West New York St., ES4104
Indianapolis, IN 46202-5154
Tel: (317) 274-2776
Propósito: Ayuda financiera a los estudiantes de la minoría en Indiana que se están preparando para una carrera en periodismo.

INROADS
720 Olive Way, Suite 524
Seattle, WA 98101
Tel: (800) 651-6411
Propósito: Ayuda financiera en la forma de becas y de puestos de interno pagados a los seniors de la High School secundaria.

J

Jackie Robinson Scholarship
3 West 35th St., 11th floor
New York, NY 10001-2204
Tel: (212) 290-8600
Propósito: Ayuda financiera a los seniors de la High School secundaria de la minoría interesados en perseguir la educación postsecondary.

Jewel Osco Scholarships
Chicago Urban League
4510 South Michigan Avenue
Chicago, IL 60653-3898
Tel: (773) 451-3565

Propósito: Ayuda financiera para la universidad a los residentes de Illinois del color que también están interesados en ganar experiencia profesional con la joya Osco.

Joanne Katherine Johnson Award for
Unusual Achievement in Mathematics or Science
A Better Chance, Inc.
419 Boylston Street
Boston, MA 02116-3382
Tel: (617) 421-0950
Propósito: Ayuda financiera a los estudiantes de la High School secundaria de la minoría que han sobresalido en matemáticas o ciencia.

Joel Atlas Skirble Scholarship
Equipo Atlas Foundation, Inc.
6316 Castle Piece, Suite 300
Falls Church, VA 22044
Tel: (703) 237-8486
Propósito: Ayuda financiera para la universidad a los inmigrantes hispánicos en el Washington, área de la D.C.

L

Lagrant Foundation
555 S. Flower Street
Suite 700
Los Angeles, CA 90071-2300
Tel: (323) 469-8680
Propósito: Ayuda financiera para los seniors de la High School secundaria y estudiantes que son relaciones públicas, comercialización, o publicidad de comandantes.

Latin American Educational Foundation
Scholarship Selection Committee

187

924 West Seventh Avenue
Denver, CO 80204
Tel: (303) 446-0541
Propósito: Ayuda financiera a los estudiantes cualificados de Colorado que han demostrado una comisión a la comunidad hispánica.

Latin Girl
33-41 Newark Street, #1
Hoboken, NJ 07030
Tel: (201) 876-9600
Propósito: Ayuda financiera a la universidad que entra de Latinas.

Los Angeles Philharmonic Fellowships for Excellence in Diversity
135 North Grand Avenue
Los Angeles, CA 90012-3042
Tel: (213) 972-0705
Propósito: Ayuda financiera a los instrumentalists talentosos de la minoría en el área meridional de California.

League of United Latin American Citizens (LULAC)
National Scholarship Fund
2000 L Street NW, Suite 610
Washington, DC 20036
Tel: (202) 833-6130
Propósito: Ayuda financiera para los seniors de la High School secundaria de la pendiente hispánica basados en necesidad financiera, la implicación de la comunidad, y el funcionamiento académico.

Lowrider Magazine
P.O. Box 6930
Fullerton, CA 92834
Tel: (714) 213-1000
Propósito: Ayuda financiera a los estudiantes con un mìnimo GPA y un ensayo.

M

Maxwell House Coffee Minority Scholarship
250 North Street
White Plains, NY 10625
Tel: (914) 335-2500
Propósito: Ayuda financiera a los estudiantes de la minoría de ciudades selectas.

MALDEF
Ellen and Federico Jimenez Scholarship
634 South Spring Street, 11th floor
Los Angeles, CA 90014
Tel: (213) 629-2512
Propósito: Ayuda financiera para los estudiantes inmigrantes de Latino que no tienen los recursos económicos.

Meritus College Fund
41 Sutter St., PMB 1245
San Francisco, CA 94104
Tel: (415) 820-3993
Propósito: Ayuda financiera a los seniors que gradúan públicos de la High School secundaria de San Francisco.

Mexican American Cultural Association Scholarships
P.O. Box 614
Concord, CA 94522
Tel: (650) 687-6222
Propósito: Ayuda financiera a los estudiantes de la pendiente

mexicana que residen en Pittsburgh.

Michigan Educational Opportunity Fund

P.O. Box 19152
Lansing, MI 48901
Tel: (517) 482-9699
Propósito:La ayuda financiera a los seniors de la High School secundaria que son residentes de Michigan interesó en estudiar ciencia o dirigir.

N

NAMEPA Beginning Freshmen Scholarship

National Association of Minority Engineering Program
1133 West Morse Boulevard, Suite 201
Winter Park, FL 32789
Tel: (407) 647-8839
Propósito:Proporcionar ayuda financiera a underrepresented los seniors de la High School secundaria de la minoría que están planeando al comandante en la ingeniería.

NMJGSA/JACKIE Robinson Foundation Scholarship

National Minority Junior Golf Scholarship Association
1140 East Washington street, Suite 102
Phoenix, AZ 85034-1051
Tel: (602) 258-7851
Propósito: Ayuda financiera para la universidad a los seniors de la High School secundaria de la minoría que sobresalen en el golf.

National Association of Hispanic Federal Executives Scholarship Foundation Inc.

5717 Marble Arch Way
Alexandria, VA 22315
Tel: (703) 971-3204
Propósito: Ayuda financiera para la universidad a los seniors

americanos hispánicos de la High School secundaria.

National Association of Hispanic Journalists Scholarship Committee
1193 National Press Building
Washington, DC 20045-2100
Tel: (202) 662-7145
Propósito: Ayuda financiera de animar y de inspirar a estudiantes hispánicos que persigan carreras en el campo de la impresión, de la foto, de la difusión o del periodismo en lÌnea.

National Early Intervention Scholarship and Partnership Program
Washington Higher Education Coordinating Board
917 Lakeridge Way
P.O. Box 43430
Olympia, WA 98504-3430
Tel: (360) 753-7801
Propósito: Ayuda financiera y otra para la universidad a los estudiantes de la High School secundaria en áreas seÑaladas de Washington.

National High School Program of the Hispanic Scholarship Fund
One Sansome Street, Suite 1000
San Francisco, CA 94104
Tel: (877) HSF-INFO Ext. 33
Propósito: Ayuda financiera a los seniors americanos hispánicos de la High School secundaria en las ciudades seleccionadas que están interesadas en atender a la universidad.

National Institutes of Health (NIH)
Undergraduate Scholarship Program
2 Center Drive, MSC 0230
Bethesda, MD 20892
Tel: (301) 496-4000
Propósito: Ayuda financiera a los estudiantes interesados en perseguir una carrera en la investigación biomédica.

National Minority Junior Golf Scholarship Association
1140 East Washington St., Suite 102
Phoenix, AZ 85034-1051
Tel: (602) 258-7851
Propósito: Ayuda financiera para la universidad a los seniors de la High School secundaria de la minoría de Carolina del Sur que sobresalen en el golf.

Nations Bank Minority Student Scholarship
324 Datura street, Suite 340
West Palm Beach, FL 33401-5431
Tel: (561) 659-6800
Propósito: Ayuda financiera a los seniors de la High School secundaria de la minoría en las áreas seleccionadas de la Florida que están interesadas en la preparación para una carrera en negocio.

Nevada Hispanic Heritage Day Scholarship Program
Nevada Hispanic Services, Inc.
3905 Neil Road
Reno, NV 89502-6808
Tel: (775)325-7733 Ext. 38
Propósito: Ayuda financiera a los estudiantes hispánicos en Nevada que están interesados en ir a la universidad.

New Jersey Utilities Association Scholarships
50 West State Street, Suite 1006
Trenton, NJ 08608
Tel: (609) 392-1000
Propósito: Ayuda financiera a los seniors de la High School secundaria de la minoría en Nuevo-Jersey interesada en majoring en temas seleccionados en universidad.

Nicholas B. Ottaway Foundation Scholarships
P.O. Box 401
Campbell Hall, NY 10916
Tel: (914) 294-4905
Propósito: Ayuda financiera para la universidad a la minoría y a otros estudiantes de la High School secundaria en áreas seleccionadas de Nueva York.

National Minority Junior Golf Scholarship Association
1140 East Washington street, Suite 102
Phoenix, AZ 85034-1051
Tel: (602) 258-7851
Propósito: Ayuda financiera a los seniors de la High School secundaria de la minoría que sobresalen en el golf.

Nevada Hispanic Services Scholarship Fund
3905 Neil Rd., #2
Reno, NV 89502
Tel: (775) 826-1818
Propósito: Ayuda financiera a los estudiantes hispánicos de Nevada que atienden a la escuela en Nevada.

Northern California Chevron Merit Award
Independent Colleges of Northern California
62 1st street, room 348
San Francisco, CA 94105-2968
Tel: (415) 442-6542
Propósito: Ayuda financiera a los seniors de la High School

secundaria que planean al comandante en negocio o las ciencias en una universidad independiente en California norteña.

Northern California Minority Junior Golf Scholarship
8915 Gerber Road
Sacramento, CA 95828
Tel: (916) 688-9120
Propósito: Ayuda financiera a la minoría y a los seniors de la High School secundaria de las mujeres y a los estudiantes de universidad en California norteña.

NTA Science Scholarship Awards Program
National Technical Association
5810 Kingstowne Center, Suite 120-221
Alexandria, VA 22315-5711
Tel: (757) 827-9280
Propósito: Ayuda financiera a los estudiantes de la minoría interesados en carreras en ciencia.

O

Ohio Newspapers Foundation Journalism Scholarships
1335 Dublin Road, Suite 216-b
Columbus, OH 43215-7038
Tel: (614) 486-6677
Propósito: Ayuda financiera para los seniors de la High School secundaria de la minoría en el planeamiento de Ohio de perseguir carreras en periodismo.

Oklahoma State Regents Academic Scholars Program
500 Education Building
State Capitol Complex
Oklahoma City, OK 73105-4503
Tel: (405) 524-9153
Propósito: Ayuda financiera a los seniors excepcionales de

las High Schools secundarias y a los graduados recientes en Oklahoma.

Orange County Hispanic Education Endowment Fund Awards
Attn: Scholarship Coordinator
2081 Business Center Drive, Suite 100
Irvine, CA 92612-1115
Tel: (949) 553-4202
Propósito: Ayuda financiera a los estudiantes hispánicos del condado anaranjado, California.

Oregon Chevron Merit Awards
Oregon Independent College Foundation
121 S.W. Salmon street, Suite 1230
Portland, OR 97204
Tel: (503) 227-7568
Propósito: Ayuda financiera a los seniors de la High School secundaria que planean al comandante en negocio o las ciencias en una universidad independiente en Oregon.

Oscar Pentzke Scholarship
Gamma Zeta Alpha Fraternity, Inc.
Attn: Scholarship Committee
385 East San Fernando Street
San Jose, CA 95112
Tel: (408) 297-1796
Propósito: Ayuda financiera a Latinos y Latinas que no son ni atenderán a una universidad de cuatro años sobre una base a tiempo completo.

P

The Padres Scholar
San Diego Padres Baseball Club
P.O. Box 2000

195

San Diego, CA 92112
Tel: (619) 815-6500
Propósito:Estudiantes de la medio-escuela de la ayuda financiera que planean atender a la universidad.

Page Education Foundation Scholarships

P.O. Box 581254
Minneapolis, MN 55458-1254
Tel: (612) 332-0406
Propósito:Para proporcionar el financiamiento para la universidad a los estudiantes del color en Minnesota.

PGA of America Sponsored Scholarships

National Minority Junior Golf Scholarship Association
Attn: Scholarship Committee
1140 East Washington Street, Suite 102
Phoenix. AZ 85034-1051
Tel: (602) 258-7851
Propósito: Ayuda financiera a los seniors de la High School secundaria de la minoría que sobresalen en el golf.

Portland Association of Black Journalists Scholarship

P.O. Box 6507
Portland, OR 97208-6507
Tel: (503) 803-0864
Propósito: Ayuda financiera a los estudiantes africanos del americano y de Latino en Oregon que están interesados en la preparación para una carrera en periodismo.

PPG Scholarship Plus Program

American Chemical Society
Attn: Department of Minority Affairs
1155 16th street, N.W.
Washington , DC 20036
Tel: (202) 872-6250
Propósito: Ayuda financiera y experiencia profesional a los

196

seniors de la High School secundaria de la minoría que desean perseguir una carrera en una ciencia qui'mico-relacionada.

Puerto Rican Chamber of Commerce
Raul Julia Memorial Scholarship Fund
200 South Biscayne Boulevard, Suite 2780
Miami, FL 33131-2343
Tel: (305) 371-2711
Propósito: Ayuda financiera para la universidad a los seniors de la High School secundaria de Puerto Rican en la Florida del sur.

R

RMCH/HACER Scholarship Program
McDonald's Corporation
Kroc Drive
Oak Brook, IL 60523
Tel: (800) 736-5219
Propósito: Ayuda financiera a merecer a estudiantes hispánicos en estados especificados.

Rochester Area Community Foundation
Hispanic Scholarship Endowment Fund
500 East Ave.
Rochester, NY 14607-1912
Tel: (716) 271-4100
Propósito: Ayuda financiera a los estudiantes hispánicos en el upstate Nueva York que están interesados en perseguir la educación postsecondary.

S

SAE Women Engineers Committee Scholarship
Society of Automotive Engineers
400 Commonwealth Drive

Warrendale, PA 15096-0001
Tel: (724) 772-8534
Propósito: Ayuda financiera a las mujeres y a las minorías para la educación postsecondary en la ingeniería.

Safe Passage Educational Scholarship Fund

USTA Tennis Foundation Inc.
70 West Red Oak Lane
White Plains, NY 10604-3602
Tel: (914) 696-7000
Propósito:La ayuda financiera para la universidad a los seniors de la High School secundaria de la minoría que participan en tenis de la juventud de USTA programa.

San Jose GI Forum Scholarships

1680 Alum Rock Avenue
San Jose, CA 95116
Tel: (408) 923-1646
Propósito: Ayuda financiera para los seniors hispánicos de la High School secundaria en el condado de Santa Clara, California.

Sempra Energy Scholarships

555 West 5th street
P.O. Box 513249
Los Angeles, CA 90051-1249
Tel: (213) 244-2555
Propósito: Ayuda financiera a los seniors de la High School secundaria de la minoría en el área meridional de California que están interesados en perseguir una educación postsecondary.

Shell ACS Scholars Program

American Chemical Society
1155 16th street, N.W.
Washington, DC 20036

Tel: (202) 872-6250

Propósito:La ayuda financiera a underrepresented seniors de la High School secundaria de la minoría en las partes seleccionadas de Tejas que tienen un interés fuerte en quìmica y un deseo de perseguir una carrera en ciencia qui'mico-relacionada.

SNPA Foundation Adopt-a-Student Minority Scholarship Program

Southern Newspaper Publishers Association
P.O. Box 28875
Atlanta, GA 30358
Tel: (404) 256-0444

Propósito:La ayuda financiera a los seniors de la High School secundaria de la minoría en áreas sirvió por los periódicos del miembro de la fundación meridional de la asociación de los editores del periódico (SNPA).

Society of Hispanic Professional Engineers (SHPE) Foundation

5400 East Olympic Blvd., Suite 210
Los Angeles, CA 90022
Tel: (323) 888-2080

Propósito: Ayuda financiera a graduar los seniors de la High School secundaria interesados en estudiar la ingenierìa y la ciencia.

Spanish Speaking Citizens Foundation

1900 Fruitvale Ave., Suite 1B
Oakland, CA 94601
Tel: (510) 261-7839

Propósito: Ayuda financiera a Oakland hispánica, California, residentes que atienden o que planean atender a cualquier universidad pública o privada acreditada.

St. Paul Pioneer Press Scholarship for Minorities
345 Cedar Street
St. Paul, MN 55101-1057
Tel: (651) 228-5007
Propósito: Ayuda financiera a los estudiantes de la minoría en el área del St. Paul que están interesados en ir a la universidad a prepararse para una carrera en periodismo o negocio.

Sterling Sentinel Awards
Fort Wayne News-Sentinel
600 West Main Street
P.O. Box 102
Fort Wayne, IN 46801
Tel: (219) 461-8758
Propósito: Ayuda financiera para los seniors de la High School secundaria en condados seleccionados en Indiana.

T

Techforce Preengineering Prize
National Action Council for Minorities in Engineering
350 5th Avenue, Suite 2212
New York, NY 10118-2299
Tel: (212) 279-2626
Propósito: Ayuda financiera para los seniors excepcionales de la High School secundaria de la minoría que están planeando perseguir una carrera en la ingeniería.

TELACU Scholarship Program
5400 East Olympic Boulevard, Suite 300
Los Angeles, CA 90022
Tel: (323) 721-1655
Propósito: Ayuda financiera a los estudiantes de Latino en el área de Los ¡ngeles de ayudar a construir a lÌderes en varias

200

áreas;profesores, ciencia o ingenierÌa, y los artes.

Telemundo 48 Estudiante del Mes Scholarship
Spanish Speaking Citizens Foundation
1470 Fruitvale Avenue
Oakland, CA 94601
Tel: (510) 261-7839
Propósito: Ayuda financiera a los estudiantes hispánicos en California norteÑa que están interesados en ir a la universidad.

U

U.S. Hispanic Leadership Institute (USHLI)
Dr. Juan Andrade Scholarship for
Young Hispanic Leaders
431 S. Dearborn St., Suite 1203
Chicago, IL 60605
Tel: (312) 427-8683
Propósito: Ayuda financiera de ayudar a estudiantes a obtener una educación universitaria.

V

Vesta Club Scholarships
P.O. Box 13414
Phoenix, AZ 85002
Tel: (602) 278-5839
Propósito: Ayuda financiera a los seniors que gradúan del condado de Maricopa, Arizona.

Veterans of Foreign Wars of Mexican Ancestry Scholarship Program
651 Harrison Road
Monterey Park, CA 91755-6732

Tel: (626) 288-0498
Propósito: Ayuda para la educación postsecondary a los estudiantes americanos mexicanos en California.

W

Washington State Tuition and Fee Waiver Program
Washington Higher Education Coordinating Board
917 Lakeridge Way
P.O. Box 43430
Olympia, WA 98504-3430
Tel: (360) 753-7850
Propósito: Ayuda financiera a los residentes needy o perjudicados de Washington que están interesados en atender a la universidad en el estado.

West Virginia Space Grant Consortium
c/o West Virginia University
College of Engineering and Mineral Resources
P.O. Box 6070
Morgantown, WV 26506-6070
Tel: (304) 293-4099
Propósito:La ayuda financiera a los seniors de la High School secundaria que desean atender las instituciones del miembro de la Virginia Occidental espacia el consorcio de Grant para prepararse para una carrera en ciencia o ingeniería espacio-relacionada.

William Randolph Hearst Scholarship
National Action Council for Minorities in Engineering
350 5th Avenue, Suite 2212
New York, NY 10118-2299
Tel: (212) 279-2626
Propósito: Ayuda financiera a los seniors de la High School secundaria de la minoría que están interesados en la

preparación para una carrera en la ingeniería.

Wisconsin Institute of Certified Public Accountants
Attn: Educational Foundation
235 North Executive Drive, Suite 200
P.O. Box 1010
Brookfield, WI 53008-1010
Tel: (414) 785-0445
Propósito: Ayuda financiera para los seniors de la High School secundaria de la minoría en Wisconsin que están interesados en majoring en contabilidad.

Y

Youth Opportunities Foundation
P.O. Box 45762
8820 S. Sepulveda Blvd., Suite 208
Los Angeles, CA 90045
Tel: (310) 670-7664

Apéndice II

Organizaciones De la Comunidad

Aspira Association, Inc.
1444 1 Street, NW, Suite 800
Washington, D.C. 20005
Tel: (202) 835-3600
Aspira es una organización no lucrativa dedicada a animar y a promover la educación y desarrollo de la dirección entre la juventud hispánica en los Estados Unidos.

Ayuda, Inc.
1736 Columbia Road, NW
Washington, D.C. 20009
Tel: (202) 387-4848
Ayuda es una organización no lucrativa, comunidad-basada que responde a las necesidades del extranjero comunidad nata, de ingreso bajo proporcionando los servicios jurìdicos de alta calidad para la inmigración y propósitos domésticos de la violencia

Bilingual Private Schools Association
904 S.W. 23rd Avenue
Miami, FL 33135
Tel: (305) 643-4888
Biprisa es una organización dedicada al conocimiento de aumento de la comunidad de los propósitos y principios de la educación bilingüe.

CARECEN (Central American Refugee Center)
1459 Columbia Road, NW
Washington, D.C. 20099
Tel: (202) 328-9799
CARECEN es una organización que proporciona los servicios legales, educativos y de la defensa para los hispanos.

Casa Del Pueblo
1459 Columbia Road, NW
Washington, D.C. 20009
Tel: (202) 332-1082
Casa del Pueblo es una organización comunidad-basada que sirve el educativo, social, cultural, uno mismo-mejora, y necesidades del empowerment de los hispanos, particularmente los que han llegado recientemente a los Estados Unidos de partes de America Central.

César Chavez Foundation
634 S. Spring Street, Suite 727
Los Angeles, CA 90014
Tel: (213) 362-0267

Chicanos Por La Causa, Inc.
1112 East Buckeye Road
Phoenix, AZ 85034
Tel: (602) 257-0700

Congressional Hispanic Caucus
1527 Longworth HOB
Washington, D.C. 20515
Tel: (202) 225-2410

El Centro Chicano
University of Southern California
817 West 34th Street, Room 300
Los Angeles, CA 90089-2991

Tel: (213) 740-1480
El chicano del EL Centro trabaja para promover la retención y el desarrollo del estudiante.Sirve como a red para que estudiantes de Chicano/Latino desarrollen su aptitud de la dirección.

Future Leaders of America
1110 Camellia Street
Oxnard, CA 93030
Tel: (661) 485-5237
La misión de FLA es enseñar habilidades de la dirección e inculcar en la juventud de Latino un más profundo comprensión y aprecio de la dirección responsable en una sociedad democrática.

Hispanic Association of Colleges and Universities
8415 Datapoint Drive, Suite 400
San Antonio, TX 78229
Tel: (210) 692-3805

Hispanic Coalition on Higher Education
785 Market Street, Third Floor
San Francisco, CA 94103
Tel: (415) 284-7220
La coalición hispánica en una educación más alta fue establecida para representar Latino más arriba intereses educativos para el estado federal y los cuerpos legislativos.

Hispanic Scholarship Fund
55 Second Street, Suite 1500
San Francisco, CA 94105
Tel: (415) 808-2302
Toll-Free Number: (877) 473-4636
NHSF proporciona las becas para el estudiante y los estudiantes graduados de la herencia hispánica.
Latin American Educational Foundation

Peña Business Plaza

924 West Colfax Ave., Suite 103
Denver, CO 80204
Tel: (303) 446-0541
La fundación educativa americana latina proporciona el financiamiento parcial para el hispanico estudiantes que desean una educación universitaria.

Latino Issues Forum

785 Market Street, Third Floor
San Francisco, CA 94103
Tel: (415) 284-7220
LIF es una organización no lucrativa que propósito es dirigirse a estatal importante y a nacional
aplicaciones la preocupación a los hispanos.

League of United Latin American Citizens

2000 L Street, NW, Suite 610
Washington, D.C. 20036
Tel: (202) 833-6130
LULAC es la organización hispánica más grande y más vieja del paìs que implica y servir a todos los grupos de la nacionalidad el hispanico.

Los Niños

287 G Street
Chula Vista, CA 91910
Tel: (619) 426-9110
Los Niños ayuda a los niños y a las familias que viven en comunidades marginales a lo largo de los U.S.-Frontera de México proporcionando los programas de la educación que se centran en la nutrición de family/school.

Los Padres Foundation
Hamilton Grange Post Office
P.O. Box 85
New York, NY 10031
Los Padres es una fundación no lucrativa que proporciona
la ayuda de la cuota de la universidad, mentoring, y trabajos
por horas.

Mexican American Cultural Center
P.O. Box 28185
San Antonio, TX 78228-5104
Tel: (210) 732-2156

**Mexican American Legal Defense and Educational
Fund**
MALDEF
1717 'K' Street NW, Suite 311
Washington, D.C. 20036
Tel: (202) 293-2828
MALDEF es una organización no lucrativa nacional que
objetivo principal es proteger y promover las derechas civiles
de Estados Unido Latinos.

Mexican American Unity Council
2300 West Commerce Street, Suite 200
San Antonio, TX 78207
Tel: (210) 978-0500

Multicultural Education, Training, and Advocacy
240 A Elm Street, Suite 22
Somerville, MA 02144
Tel: (617) 628-2226
El META es una organización nacional que se especializa en
las derechas educativas de hispanos y
otras minorías ling,ísticas y juventud migratoria.

209

National Association for Chicana and Chicano Studies
Chicano Education Program
Eastern Washington University
Monroe Hall 202, MS-170
Cheney, WA 99004
Tel: (509) 359-2404

National Center for Farmworker Health, Inc.
1770 FM 967, Buda, TX 78610
Tel: (512) 312-2700
La misión de NCFH es mejorar el estado de salud de las
familias del agricultor.

National Council of La Raza
1111 19th Street, NW, Suite 1000
Washington, D.C. 20036
Tel: (202) 785-1670
El consejo nacional del la Raza es una organización
privada, no lucrativa establecida para reducir la pobreza y la
discriminación, y mejoran las oportunidades de la vida para
los hispanos.

National Hispanic Institute
Maxwell, TX 78656
Tel: (512) 357-6137
NHI apunta las juventudes superiores de Latino en High School
secundaria y universidad y conduce la dirección creativa
entrenando para desarrollar la uno mismo-comercializacio'n
de students', establecimiento de una red, planeamiento de la
universidad y habilidades de organización del desarrollo.

National Image, Inc.
930 W. 7th Avenue, Suite 139
Denver, CO 80204-4417
Tel: (303) 534-6534

National Image, Inc. es una organización no lucrativa confiada a promover igualdad y oportunidad en las áreas del empleo, de la educación, y de las derechas civiles.

National Puerto Rican Coalition, Inc.
1700 K Street, NW, Suite 500
Washington, D.C. 20006
Tel: (202) 223-3915

National Puerto Rican Forum (NPRF)
31 East 32nd Street, 4th floor
New York, NY 10016-5536
Tel: (212) 685-2311

New American Alliance
8201 Greensboro Drive, Suite 300
McLean, VA 22102
Tel: (703) 610-9026
Una iniciativa americana del negocio de Latino, la nueva alianza americana es una organización de Lideres de negocio americanos de Latino unidos para promover el bienestar de la comunidad americana de Latino.

National Association for Chicana and Chicano Studies
Chicano Education Program, Eastern Washington University
Cheney, WA 99004
Tel: (509) 359-2404
La meta de esta asociación es construir conocimiento político, cultural, y educativo Chicano.

National Society of Hispanic MBA's
8204 Elmbrook, Suite 235
Dallas, TX 75247
Toll-free: (877) 467-4622
El NSHMBA es una organización no lucrativa de la cual
trabaja para aumentar la inscripción Hispanos en escuelas
de negocio.

PRLDEF - Institute for Puerto Rican Policy
99 Hudson Street, 14th Floor
New York, NY 10013-2815
Tel: (212) 739-7516
Toll free: (800) 328-2322

Tomas Rivera Policy Institute
1050 N. Mills Avenue
Claremont, CA 91711
Tel: (909) 621-8897

United Farm Workers Of America- AFL-CIO
National Headquarters
P.O. Box 62
Keene, CA 93531
Tel: (805) 822-5571
Fundado por el último César Chavez, el UFW es la organización
más grande de los trabajadores de granja adentro
los Estados Unidos.

Contents

Acknowledgements

We'd like to recognize the following Berendo College Career Club members who assisted with researching and compiling the scholarships available for Latino students.

Maria Huerta

Heidi Garcia

Erika Luis

Ruth Vargas

Bielena Reyes

Respect to all of the College/Career Club members who have given up their lunch time, and participated in fundraising efforts to help make their dreams and the dreams of their families a reality.

We would also like to give a special thanks to Lileana Elicegui, who contributed immeasureably by translating the book into Spanish, and for her insight and guidance in the development of this important publication. We would also like to thank Alejandro Valadez, Elke Zamorano, and Johanna Rosa for their help with translating.

We'd also like to thank Jeanette Stevens, Mayra Gomez, Melanie De La Cruz, Michelle Ortiz, Roger Negroe, Merrell Frankel, Saul Molina, Pedro Sanchez, Simone Benoit, Ms. Kanji, Rafael Ramirez, Sylvia Renteria, Prof. Jaclyn Rodroguez, Prof. Stuart Rugg, Prof. Jennifer Quinn, Prof. Salvador Fernandez, Prof. Ronald Solorzano, Dean Ayala, Joseph Martinez, William Noe Vela (Oxy '95), Yolanda, Justo, Conrad, Juan, Tony from Clancy's, Mr. Coray for guiding me to Oxy, Fr. Travers for guiding me to mathematics, and all my teachers from St. Ambrose, Our Lady of the Assumption and Damien High School.

Dedication

This book is dedicated to our children — all of them, whether we've taught them in our classrooms or not, who have dreams of one day going to college and being successful in life. We believe that you can! In fact we know that you can! Keep striving. Sí PODEMOS.

To our parents, Florentino Elicegui, Sr., Lileana Elicegui, Joseph W. Eure, and Maxine Eure. Thanks for everything! Your sacrifices have paid off. Now it's our turn to help others as you have helped us.

And to all the parents who care enough to sacrifice to make your and your childrens dreams come true. Sí PODEMOS.

Ah'Keyah and Aakeem — THE WORLD IS YOURS!
BABA LOVES YOU!

For information, please contact:
Y&G Communications, LLC
311 N. Robertson Blvd., Suite #510
Beverly Hills, CA 90211

Although the author and publisher have made every effort to ensure the accuracy and completeness of the information contained in this book, we assume no responsibility for errors, inaccuracies, omissions, or any inconsistency herein. Any perceived slights of people, places, or organizations are unintentional.

First printing 2005

ISBN # 0-9749484-0-3
Library of Congress Control Number: 2004116872

ATTENTION CORPORATIONS, EDUCATIONAL AND PROFESSIONAL ORGANIZATIONS: Quantity discounts are available on bulk purchases of this book for educational, gift purposes, or as premiums. For information, please contact us at the above address.

Sí Podemos:
The Latino Parents Guide
to Help Your Child
Prepare for College

by
Florentino Elicegui, Jr.
and
Yusuf Jah

Contributor and Translation by
Lileana Elicegui

Y & G
COMMUNICATIONS
Beverly Hills, CA

Appendix I

Scholarship Resources

3M Engineering Awards
National Action Council for Minorities in Engineering
350 5th Avenue, Suite 2212
New York, NY 10118-2299
Tel: (212) 279-2626
Purpose: Financial assistance to minority high school seniors
who are planning to pursue a career in engineering.

A

AIA/AAF Minority/Disavantaged Scholarship Program
American Institute of Architects
1735 New York Avenue, N.W. Washington, DC 20006
Tel: (202)626-7565
Purpose: Financial assistance to high school and college students
from minority and/or disadvantaged backgrounds who would
not otherwise have the opportunity to be enrolled in professional
architectural studies.

Alice Newell Joslyn Medical Fund
BECA Foundation
830 East Grand Avenue, Suite B
Escondido CA 92025
Tel: (760) 741-8246
Purpose: Financial assistance to Latino students in southern
California who are interested in preparing for a career in the
health field.

American Institute of Chemical Engineers
Minority Scholarship Awards
3 Park Ave.
New York, NY 10016
Tel: (212) 591-7478
Purpose: Financial assistance to high school graduates interested in studying science or engineering.

American Physical Society
Attn: Minorities Scholarship Program
One Physics Ellipse
College Park, MD 20740-3844
Tel: (301) 209-3200
Purpose: Financial assistance to underrepresented minority students interested in studying physics at the undergraduate level.

Amigos Scholarship Foundation Inc.
c/o Partners for Community Development
901 Superior Avenue
Sheboygan, WI 53081
Tel: (414) 459-2780
Purpose: Financial assistance to Hispanic American residents of Sheboygan County, Wisconsin planning to enter college or continue with equivalent education goals.

Amoco Community Dealers Scholarship
Aspira of New York, Inc.
470 Seventh Avenue, Third Floor
New York, NY 10018
Tel: (212) 564-6880
Purpose: Assistance to Puerto Rican high school students in New York City Area.

Asociación Boricua de Dallas, Inc.
Scholarship Fund Scholarship Committee
P. O. Box 740784
Dallas, TX 75374-0784
Purpose: Financial assistance to deserving Hispanic high school seniors that reside in the Dallas-Fort Worth metropolitan area.

Aztec Academic Awards
Spanish Speaking Citizens Foundation
1470 Fruitvale Avenue
Oakland, CA 94601
Tel: (510) 261-7839
Purpose: Assistance to Hispanic seniors in northern California who are interested in going to college.

B

Bayer ACS Scholars Program
American Chemical Society
1155 16th Street, N.W.
Washington, DC 20036
Tel: (202) 872-6250
Purpose: Financial assistance for minority students who have a strong interest in chemistry and a desire to pursue a career in a chemically-related science.

Beca Foundation General Scholarship
830 East Grand Avenue, Suite B
Escondido CA 92025
Tel: (760)741-8246
Purpose: Financial assistance for postsecondary education to Latino students residing in selected areas of southern California.

155

Becas Ecked
Hispanic Scholarship Fund
One Sansome Street, Suite 1000
San Francisco, CA 94104
Tel: (415) 445-9936
Purpose: Financial assistance to Hispanic American high school seniors in selected cities who are interested in attending college.

Bill Coggins Community Leadership Award
Watts Counseling and Learning Center
1465 East 103rd Street Los Angeles, CA 90002
Tel: (323) 564-7911
Purpose: Financial assistance for college to Los Angeles County residents who have demostrated a commitment to voluntary community service in underserved communities.

Booker T. Washington Scholarships
National FFA Organization
6060 FFA Drive P.O. Box 68960
Indianapolis, IN 46268-0960
Tel: (317) 802-4321
Purpose: Financial assistance to minority FFA members who are interested in studying agriculture in college.

C

C.S. Kilner Leadership Award
A Better Chance, Inc.
419 Boylston Street Boston, MA 02116-3382
Tel: (617) 421-0950
Purpose: To recognize and reward outstanding minority high school students.

Calahe General Scholarship
Connecticut Association of Latin Americans in Higher Education, Inc.
P.O. Box 382 Milford, CT 06460-0382
Tel: (203)789-7011
Purpose: Financial assistance to Latino high school seniors and college students in Connecticut.

California Chicano News Media Association
Joel Garcia Memorial Scholarship
3800 South Figueroa St.
Los Angeles, CA 90037
Tel: (213) 740-5263
Purpose: Financial assistance to qualified Latino students who are planning to pursue a career in journalism.

Cesar Chavez Awards
Spanish Speaking Citizens Foundation
1470 Fruitvale Avenue
Oakland, CA 94601
Tel: (510) 261-7839
Purpose: Financial assistance to Hispanic students in northern California who are interested in attending a public college or university in the state.

Charles E. Price Scholarship Award
National Technical Association
5810 Kingstown Center
Alexandria, VA 22315-5711
Tel: (757) 827-9280
Purpose: Financial assistance to minority students interested in electrical or mechanical engineering.

Charleston Gazette Minority Scholarships
Attn: Managing Editor
1001 Virginia street, east
Charleston, WV 25301
Tel: (304) 348-5100
Purpose: Financial assistance for college to minority high school seniors from southern and central West Virginia.

Charlotte Observer Minority Scholarships
600 South Tryon Street
P.O. Box 30308
Charlotte, NC 28230-3038
Tel: (704) 358-5715
Purpose: Financial assistance to minority high school seniors in North Carolina who are interested in pursuing a career in the newspaper field.

Chevrolet Excellence In Education Award
Attn: GM Scholarship Administration Center
702 West Fifth Avenue
Naperville, IL 60563-2948
Tel: (888) 377-5233
Purpose: Financial assistance for college to Hispanic American high school seniors.

Chevrolet Excellence in Education Scholarship
P. O. Box 80487
Rochester, MI 48308
Purpose: Financial assistance to high school graduates based on academic success, work experience, extracurricular activities, and community service.

Chevy Prizm Scholarship In Design
MANA, A National Latina Organization
1725 K Street, N.W., Suite 501
Washington, DC 20006
Tel: (202) 833-0060
Purpose: Financial assistance to Latinos who are interested in undergraduate or graduate education in design.

Chevy Prizm Scholarship In Engineering
MANA, A National Latina Organization
1725 K Street, N.W., Suite 501
Washington, DC 20006
Tel: (202) 833-0060
Purpose: Financial assistance to Latinos who are interested in undergraduate or graduate education in engineering.

Chicago Sun-Times Minority Scholarship and Intership Program
401 North Wabash Avenue
Chicago, IL 60611
Tel: (312) 321-3000
Purpose: Financial assistance and work experience to minority college students in the Chicago area who are interested in preparing for a career in print journalism.

Chicana/Latina Foundation Scholarship Competition
P.O. Box 1941
El Cerito, CA 94530-4941
Tel: (510) 526-5861
Purpose: Financial assistance for postsecondary education to Latina women in the San Francisco Bay area.

Club Estrella Scholarship
P.O. Box 217
Mountain View, CA 94042
Purpose: Financial assistance for college to Latino students in
Santa Clara County, California who are graduating from high
school or community college.

Coca-Cola Scholars
P.O. Box 442
Atlanta, GA 30301
Tel: (404) 733-5420
Purpose: Financial assistance for high school students that
maintain a minimum GPA of 3.0 at the end of their junior year in
high school.

Coleman A. Young Scholars Program
243 West Congress Street
Detroit, MI 48226
Tel: (313) 963-3030
Purpose: Financial assistance for college for disadvantaged high
school seniors in Detroit.

**Colgate "Bright Smiles, Bright Futures" Minority
Scholarships**
Attn: Institute for Oral Health
444 North Michigan Avenue, Suite 3400
Chicago, IL 60611
Tel: (312) 440-8944
Purpose: Financial assistance to minority students enrolled in
associated programs in dental hygiene.

**Colorado Society of CPA's Scholarship for High School
Students**
Colorado Society of Certified Public Accountants
Attn: Educational Foundation

7979 East Tufts Avenue, Suite 500
Denver, CO 80237-2843
Tel: (303) 741-8613
Purpose: Financial assistance to minority high school seniors in
Colorado who plan to study accounting in college.

Community College Transfer Program

Hispanic Scholarship Fund
One Sansome Street, Suite 1000
San Francisco, CA 94104
(415) 445-9930
Purpose: Financial assistance to Hispanic American students who
are attending a community college and interested in transferring
to a 4-year institution.

Congressional Hispanic Caucus Institute (CHCI)

504 C Street N.E.
Washington, D.C. 20002
Tel: (202) 543-1771
Purpose: Financial assistance to students that demonstrate
leadership qualities and plan to enter college.

Connecticut Association of Latin Americans in Higher Education, Inc. (CALAHE)

P.O. Box 382
Milford, CT 06460-0382
Purpose: Financial assistance to high school seniors or GED
equivalent and undergraduate college students.

Connecticut Education Foundation Minority Scholarship Fund

21 Oak Street, Suite 500
Hartford, CT 06106-8001
Tel: (860) 525-5641
Purpose: Financial assistance to minorities in Connecticut who
are interested in preparing for a teaching career.

Cox Minority Journalism Scholarship Program

Cox Newspapers, Inc.
Attn: Scholarship Administrator
P.O. Box 105720
Atlanta, GA 30348
Tel: (404) 843-5000
Purpose: To provide work experience and financial assistance to minority high school graduates in areas served by Cox Enterprises newspapers.

Crazyloco Scholarship Program

P.O. Box 302
Woodbury, NY 11797
Tel: (516) 692-0420
Purpose: Financial assistance to graduating seniors based on academic achievement, need, and personal qualities.

Cristina Saralegui Scholarship Program

National Association of Hispanic Journalists
Attn: Scholarship
National Press Building
529 14th street, N.W., Suite 1193
Washington, DC 20045-2100
Tel: (202) 662-7143
Purpose: Financial assistance and work experience to Hispanic American undergraduate students interested in preparing for careers in the media.

Crystal Charitable Fund

Oak Park-River Forest Community Foundation
1042 Pleasant street
Oak Park, IL 60302
Tel: (708) 209-1560
Purpose: Financial assistance to children and young adults in the metropolitan Chicago area from impoverished families.

CTA Human Rights Scholarship
California Teachers Association
Santa Clara County Service Center Council
34 South Second Street, Suite 206
Campbell, CA 95008
Purpose: Financial assistance to minorities in Santa Clara County (California) who are interested in preparing to enter the teaching profession.

Cuban American Scholarship Program
P.O. Box 6422
Santa Ana, CA 92706
Tel: (714) 835-7676
Purpose: To provide financial assistance for postsecondary education for Cuban American students in California.

Cuban American Scholarship Fund
P.O. Box 6422
Santa Ana, CA 92706
Tel: (714) 835-7676
Purpose: Financial assistance to high school seniors of Cuban descent with a minimum GPA of 3.0 planning to attend college in California.

Cuban-American Teachers Association Scholarships
12037 Peoria street
Sun Valley, CA 91352
Tel: (818) 768-2669
Purpose: Financial assistance to high school seniors of Cuban heritage in southern California who are interested in attending college.

D

Daisy and L.C. Bates Minority Scholarship Program
Southwestern Bell Foundation
P.O. Box 165316
Little Rock, AR 72216
Purpose: Financial assistance for college to minority high school seniors in Arkansas.

Daniel Gutierrez Memorial General Scholarship
BECA Foundation
830 East Grand Avenue, Suite B
Escondido CA 92025
Tel: (760) 741-8246
Purpose: Financial assistance to Latino high school students from the San Diego area who plan to attend college.

Defense Intelligence Agency
Attn: DAH-2
200 MacDill Boulevard
Washington, DC 20340-5100
Purpose: Full tuition to high school seniors interested in majoring in computer science, geography, foreign area studies, international relations, or political science.

Domingo Garcia Community Award
Spanish Speaking Citizens Foundation
Attn: Youth and Family Services
1470 Fruitvale Avenue
Oakland, CA 94601
Tel: (510) 261-7839
Purpose: Financial assistance to Hispanic students in Northern California who are interested in going to college.

**Dr. Juan Andrade Jr. Scholarship
for Young Hispanic Leaders**
431 South Dearborn Street, Suite 1203
Chicago, IL 60605
Tel: (312) 427-8683
Purpose: Financial assistance to high school students who plan to attend college.

E

The East Bay College Fund
63 Lincoln Ave.
Piedmont, CA 94611
Tel: (510) 658-7877
Purpose: Financial assistance to East Bay (east of San Francisco Bay Area) public high school students.

Edison International Scholarships
P.O. Box 800
Rosemead, CA 91770
Tel: (213) 553-9380
Purpose: Financial assistance to high school seniors admitted to college and are the first in their family to attend college.

Ellen Masin Prisna Scholarship
National Press Club
529 14th Street, N.W. Washington, DC 20045
Tel: (202) 662-7500
Purpose: Financial assistance to minority high school seniors interested in preparing for a career in journalism in college.

Engineering Vanguard Program Scholarships
National Action Council for Minorities in Engineering
350 Fifth Avenue, Suite 2212
New York, NY 10118-2299
Tel: (212) 279-2626

Purpose: To provide financial and other assistance to students from inner city high schools who are interested in studing engineering at the university level.

Esperanza Scholarship Fund
4115 Bridge Avenue
Cleveland, OH 44113
Tel: (216) 651-7178
Purpose: Financial assistance to students who reside in select Northeast Ohio counties.

F

Fight for Your Rights Leadership Foundation
648 Broadway, Suite 301
New York, NY 10012
Purpose: Financial assistance to student leaders who are at least full time seniors in high school with a focus on work in the area of social justice and anti-discrimination.

Fort Wayne News-Sentinel Minority Scholarship
600 West Main Street
P.O. Box 102
Fort Wayne, IN 46801
Tel: (219) 461-8417
Purpose: Financial assistance to minority high school seniors in the circulation area of the Fort Wayne News-Sentinel who are interested in journalism as a career.

G

Gates Millenium Scholars
P.O. Box 10500
Fairfax, VA 22031
Tel: (877) 690-4677
Purpose: Financial assistance to help students attend institutions of higher learning of their choice.

H

Hispanic College Fund (HCF)
One Thomas Circle, NW, Suite 375
Washington, D.C. 20005
Tel: (800) 644-4223
Purpose: Financial assistance to students who have been
accepted or are enrolled as a undergraduate student in college.

Hispanic Designers Model Search
JC Penney Company, Inc.
6501 Legacy Drive
Plano, TX 75024
Tel: (972) 431-4655
Purpose: To recognize and reward outstanding Hispanic models.

Hispanic Heritage Awards Foundation
2600 Virginia Ave NW
Suite 406
Washington, DC 20037
Tel: (202) 861-9797
Purpose: Financial assistance to Hispanic high school seniors in
twelve major metropolitan areas: Chicago, Dallas, Houston, Los
Angeles, Miami, New York, Philadelphia, Phoenix, San Antonio,
San Diego, the San Francisco Bay Area, and greater Washington,
D.C.

Hispanic Outlook Scholarship Fund
210 Route 4 East, Suite 310
P.O. Box 68
Paramus, NJ 07652-0068
Tel: (201) 587-8800
Purpose: Financial assistance for college to high school seniors
of Hispanic descent.

Hispanic Scholarship Council Scholarship
Hispanic Scholarship Council
285 International Parkway
Lake Mary, FL 32746
Tel: (407) 771-8163
Purpose: Financial assistance for college to Hispanic students
graduating from high school in central Florida.

Hope Scholarship Fund
Hispanic Office of Planning and Evaluation
165 Brookside Ave. Extension
Jamaica Plain, MA 02130-2624
Tel: (617) 524-8888
Purpose: Financial assistance to Latinos who will be attending
college in Massachusetts.

HP DEI Scholarship/Internship Program
Hewlett-Packard Company
3000 Hanover St.
Palo Alto, CA 94304-1185
Tel: (650) 857-3495
Purpose: Financial assistance and work experience to
underrepresented minority high school seniors from designated
communities who are interested in studying engineering or
computer science in college.

I

Ian M. Rolland Scholarship
Lincoln Financial Group
1700 Magnavox Way, 1W11
Fort Wayne, IN 46804
Tel: (219) 455-2390
Purpose: Financial assistance to minority high school seniors

who are interested in pursuing a career as an actuary.

"I Have A Dream" (IHAD) Foundation Scholarships

330 Seventh Ave.
New York, NY 10001
Tel: (212) 293-5480

Purpose: Financial assistance to students from low-income areas.

Independent Colleges of Southern California Scholarship Program

555 South Flower St., Suite 610
Los Angeles, CA 90071-2300
Tel: (213) 553-9380
Purpose: Financial assistance to minority students who plan to attend an independent 4-year college in southern California.

Indiana Professional Chapter of SPJ Diversity in Journalism Scholarship

Society of Professional Journalists-Indiana Chapter
Indiana University School Of Journalism
902 West New York St., ES4104
Indianapolis, IN 46202-5154
Tel: (317) 274-2776
Purpose: Financial assistance to minority students in Indiana who are preparing for a career in journalism.

INROADS

720 Olive Way, Suite 524
Seattle, WA 98101
Tel: (800) 651-6411
Purpose: Financial assistance in the form of scholarships and paid internships to high school seniors.

J

Jackie Robinson Scholarship
3 West 35th St., 11th floor
New York, NY 10001-2204
Tel: (212) 290-8600
Purpose: Financial assistance to minority high school seniors interested in pursuing postsecondary education.

Jewel Osco Scholarships
Chicago Urban League
4510 South Michigan Avenue
Chicago, IL 60653-3898
Tel: (773) 451-3565
Purpose: Financial assistance for college to Illinois residents of color who are also interested in gaining work experience with Jewel Osco.

Joanne Katherine Johnson Award for
Unusual Achievement in Mathematics or Science
A Better Chance, Inc.
419 Boylston Street
Boston, MA 02116-3382
Tel: (617) 421-0950
Purpose: Financial assistance to minority high school students who have excelled in mathematics or science.

Joel Atlas Skirble Scholarship
Equipo Atlas Foundation, Inc.
6316 Castle Piece, Suite 300
Falls Church, VA 22044
Tel: (703) 237-8486
Purpose: Financial assistance for college to Hispanic immigrants in the Washington, D.C. area.

L

Lagrant Foundation
555 S. Flower Street
Suite 700
Los Angeles, CA 90071-2300
Tel: (323) 469-8680
Purpose: Financial assistance for high school seniors and undergraduates who are public relations, marketing, or advertising majors.

Latin American Educational Foundation
Scholarship Selection Committee
924 West Seventh Avenue
Denver, CO 80204
Tel: (303) 446-0541
Purpose: Financial assistance to qualified Colorado students who have demonstrated a commitment to the Hispanic community.

Latin Girl
33-41 Newark Street, #1
Hoboken, NJ 07030
Tel: (201) 876-9600
Purpose: Financial assistance to Latinas entering college.

Los Angeles Philharmonic Fellowships for Excellence in Diversity
135 North Grand Avenue
Los Angeles, CA 90012-3042
Tel: (213) 972-0705
Purpose: Financial assistance to talented minority instrumentalists in the southern California area.

League of United Latin American Citizens (LULAC)
National Scholarship Fund
2000 L Street NW, Suite 610
Washington, DC 20036
Tel: (202) 833-6130
Purpose: Financial assistance for high school seniors of Hispanic descent based on financial need, community involvement, and academic performance.

Lowrider Magazine
P.O. Box 6930
Fullerton, CA 92834
Tel: (714) 213-1000
Purpose: Financial assistance to students with a minimum GPA and an essay.

M

Maxwell House Coffee Minority Scholarship
250 North Street
White Plains, NY 10625
Tel: (914) 335-2500
Purpose: Financial assistance to minority students from select cities.

MALDEF
Ellen and Federico Jimenez Scholarship
634 South Spring Street, 11th floor
Los Angeles, CA 90014
Tel: (213) 629-2512
Purpose: Financial assistance for immigrant Latino students that do not have the economic resources.

Meritus College Fund
41 Sutter St., PMB 1245
San Francisco, CA 94104

Tel: (415) 820-3993
Purpose: Financial assistance to San Francisco public high
school graduating seniors.

Mexican American Cultural Association Scholarships
P.O. Box 614
Concord, CA 94522
Tel: (650) 687-6222
Purpose: Financial assistance to students of Mexican descent
who reside in Pittsburgh.

Michigan Educational Opportunity Fund
P.O. Box 19152
Lansing, MI 48901
Tel: (517) 482-9699
Purpose: Financial assistance to high school seniors who are
Michigan residents interested in studying science or engineering.

N

NAMEPA Beginning Freshmen Scholarship
National Association of Minority Engineering Program
1133 West Morse Boulevard, Suite 201
Winter Park, FL 32789
Tel: (407) 647-8839
 Purpose: To provide financial assistance to underrepresented
minority high school seniors who are planning to major in
engineering.

NMJGSA/JACKIE Robinson Foundation Scholarship
National Minority Junior Golf Scholarship Association
1140 East Washington street, Suite 102
Phoenix, AZ 85034-1051
Tel: (602) 258-7851
Purpose: Financial assistance for college to minority high school
seniors who excel at golf.

National Association of Hispanic Federal Executives
Scholarship Foundation Inc.
5717 Marble Arch Way
Alexandria, VA 22315
Tel: (703) 971-3204
Purpose: Financial assistance for college to Hispanic American high school seniors.

National Association of Hispanic Journalists
Scholarship Committee
1193 National Press Building
Washington, DC 20045-2100
Tel: (202) 662-7145
Purpose: Financial assistance to encourage and inspire Hispanic students to pursue careers in the field of print, photo, broadcast or online journalism.

National Early Intervention Scholarship and Partnership Program
Washington Higher Education Coordinating Board
917 Lakeridge Way
P.O. Box 43430
Olympia, WA 98504-3430
Tel: (360) 753-7801
Purpose: Financial and other assistance for college to high school students in designated areas of Washington.

National High School Program of the Hispanic Scholarship Fund
One Sansome Street, Suite 1000
San Francisco, CA 94104
Tel: (877) HSF-INFO Ext. 33
Purpose: Financial assistance to Hispanic American high school seniors in selected cities who are interested in attending college.

National Institutes of Health (NIH)
Undergraduate Scholarship Program
2 Center Drive, MSC 0230
Bethesda, MD 20892
Tel: (301) 496-4000
Purpose: Financial assistance to students interested in pursuing a career in biomedical research.

National Minority Junior Golf Scholarship Association
1140 East Washington St., Suite 102
Phoenix, AZ 85034-1051
Tel: (602) 258-7851
Purpose: Financial assistance for college to minority high school seniors from South Carolina who excel at golf.

Nations Bank Minority Student Scholarship
324 Datura street, Suite 340
West Palm Beach, FL 33401-5431
Tel: (561) 659-6800
Purpose: Financial assistance to minority high school seniors in selected areas of Florida who are interested in preparing for a career in business.

Nevada Hispanic Heritage Day Scholarship Program
Nevada Hispanic Services, Inc.
3905 Neil Road
Reno, NV 89502-6808
Tel: (775)325-7733 Ext. 38
Purpose: Financial assistance to Hispanic Students in Nevada who are interested in going to college.

New Jersey Utilities Association Scholarships
50 West State Street, Suite 1006
Trenton, NJ 08608
Tel: (609) 392-1000
Purpose: Financial assistance to minority high school seniors in

New Jersey interested in majoring in selected subjects in college.

Nicholas B. Ottaway Foundation Scholarships
P.O. Box 401
Campbell Hall, NY 10916
Tel: (914) 294-4905
Purpose: Financial assistance for college to minority and other high school students in selected areas of New York.

National Minority Junior Golf Scholarship Association
1140 East Washington street, Suite 102
Phoenix, AZ 85034-1051
Tel: (602) 258-7851
Purpose: Financial assistance to minority high school seniors who excel at golf.

Nevada Hispanic Services Scholarship Fund
3905 Neil Rd., #2
Reno, NV 89502
Tel: (775) 826-1818
Purpose: Financial assistance to Hispanic students of Nevada attending school in Nevada.

Northern California Chevron Merit Award
Independent Colleges of Northern California
62 1st street, room 348
San Francisco, CA 94105-2968
Tel: (415) 442-6542
Purpose: Financial assistance to high school seniors planning to major in business or the sciences at an independent college in northern California.

Northern California Minority Junior Golf Scholarship
8915 Gerber Road
Sacramento, CA 95828
Tel: (916) 688-9120

Purpose: Financial assistance to minority and women high school seniors and college students in northern California.

NTA Science Scholarship Awards Program

National Technical Association
5810 Kingstowne Center, Suite 120-221
Alexandria, VA 22315-5711
Tel: (757) 827-9280
Purpose: Financial assistance to minority students interested in careers in science.

O

Ohio Newspapers Foundation Journalism Scholarships

1335 Dublin Road, Suite 216-b
Columbus, OH 43215-7038
Tel: (614) 486-6677
Purpose: Financial assistance for minority high school seniors in Ohio planning to pursue careers in journalism.

Oklahoma State Regents Academic Scholars Program

500 Education Building
State Capitol Complex
Oklahoma City, OK 73105-4503
Tel: (405) 524-9153
Purpose: Financial assistance to outstanding high schools seniors and recent graduates in Oklahoma.

Orange County Hispanic Education Endowment Fund Awards

Attn: Scholarship Coordinator
2081 Business Center Drive, Suite 100
Irvine, CA 92612-1115
Tel: (949) 553-4202
Purpose: Financial assistance to Hispanic students from Orange County, California.

Oregon Chevron Merit Awards
Oregon Independent College Foundation
121 S.W. Salmon street, Suite 1230
Portland, OR 97204
Tel: (503) 227-7568
Purpose: Financial assistance to high school seniors planning to major in business or the sciences at an independent college in Oregon.

Oscar Pentzke Scholarship
Gamma Zeta Alpha Fraternity, Inc.
Attn: Scholarship Committee
385 East San Fernando Street
San Jose, CA 95112
Tel: (408) 297-1796
Purpose: Financial assistance to Latinos and Latinas who are not or will be attending a 4-year college on a full-time basis.

P

The Padres Scholar
San Diego Padres Baseball Club
P.O. Box 2000
San Diego, CA 92112
Tel: (619) 815-6500
Purpose: Financial assistance to middle-school students who plan to attend college.

Page Education Foundation Scholarships
P.O. Box 581254
Minneapolis, MN 55458-1254
Tel: (612) 332-0406
Purpose: To provide funding for college to students of color in Minnesota.

PGA of America Sponsored Scholarships
National Minority Junior Golf Scholarship Association
Attn: Scholarship Committee
1140 East Washington Street, Suite 102
Phoenix. AZ 85034-1051
Tel: (602) 258-7851
Purpose: Financial assistance to minority high school seniors
who excel at golf.

Portland Association of Black Journalists Scholarship
P.O. Box 6507
Portland, OR 97208-6507
Tel: (503) 803-0864
Purpose: Financial assistance to African American and Latino
students in Oregon who are interested in preparing for a career in
journalism.

PPG Scholarship Plus Program
American Chemical Society
Attn: Department of Minority Affairs
1155 16th street, N.W.
Washington , DC 20036
Tel: (202) 872-6250
Purpose: Financial assistance and work experience to minority
high school seniors who wish to pursue a career in a chemically-
related science.

Puerto Rican Chamber of Commerce
Raul Julia Memorial Scholarship Fund
200 South Biscayne Boulevard, Suite 2780
Miami, FL 33131-2343
Tel: (305) 371-2711
Purpose: Financial assistance for college to Puerto Rican high
school seniors in south Florida.

R

RMCH/HACER Scholarship Program
McDonald's Corporation
Kroc Drive
Oak Brook, IL 60523
Tel: (800) 736-5219
Purpose: Financial assistance to deserving Hispanic students in specified states.

Rochester Area Community Foundation
Hispanic Scholarship Endowment Fund
500 East Ave.
Rochester, NY 14607-1912
Tel: (716) 271-4100
Purpose: Financial assistance to Hispanic students in upstate New York who are interested in pursuing postsecondary education.

S

SAE Women Engineers Committee Scholarship
Society of Automotive Engineers
400 Commonwealth Drive
Warrendale, PA 15096-0001
Tel: (724) 772-8534
Purpose: Financial assistance to women and minorities for postsecondary education in engineering.

Safe Passage Educational Scholarship Fund
USTA Tennis Foundation Inc.
70 West Red Oak Lane
White Plains, NY 10604-3602
Tel: (914) 696-7000
Purpose: Financial assistance for college to minority high school seniors who participate in USTA youth tennis programs.

San Jose GI Forum Scholarships
1680 Alum Rock Avenue
San Jose, CA 95116
Tel: (408) 923-1646
Purpose: Financial assistance for Hispanic high school seniors in Santa Clara County, California.

Sempra Energy Scholarships
555 West 5th street
P.O. Box 513249
Los Angeles, CA 90051-1249
Tel: (213) 244-2555
Purpose: Financial assistance to minority high school seniors in the southern California area who are interested in pursuing a postsecondary education.

Shell ACS Scholars Program
American Chemical Society
1155 16th street, N.W.
Washington, DC 20036
Tel: (202) 872-6250
Purpose: Financial assistance to underrepresented minority high school seniors in selected parts of Texas who have a strong interest in chemistry and a desire to pursue a career in chemically-related science.

SNPA Foundation Adopt-a-Student Minority Scholarship Program
Southern Newspaper Publishers Association
P.O. Box 28875
Atlanta, GA 30358
Tel: (404) 256-0444
Purpose: Financial assistance to minority high school seniors in areas served by member newspapers of the Southern Newspaper Publishers Association (SNPA) Foundation.

Society of Hispanic Professional Engineers (SHPE) Foundation
5400 East Olympic Blvd., Suite 210
Los Angeles, CA 90022
Tel: (323) 888-2080
Purpose: Financial assistance to graduating high school seniors

interested in studying engineering and science.

Spanish Speaking Citizens Foundation
1900 Fruitvale Ave., Suite 1B
Oakland, CA 94601
Tel: (510) 261-7839
Purpose: Financial assistance to Hispanic Oakland, California, residents attending or planning to attend any accredited public or private college.

St. Paul Pioneer Press Scholarship for Minorities
345 Cedar Street
St. Paul, MN 55101-1057
Tel: (651) 228-5007
Purpose: Financial assistance to minority students in the St. Paul area who are interested in going to college to prepare for a career in journalism or business.

Sterling Sentinel Awards
Fort Wayne News-Sentinel
600 West Main Street
P.O. Box 102
Fort Wayne, IN 46801
Tel: (219) 461-8758
Purpose: Financial assistance for high school seniors in selected counties in Indiana.

T

Techforce Preengineering Prize
National Action Council for Minorities in Engineering
350 5th Avenue, Suite 2212
New York, NY 10118-2299
Tel: (212) 279-2626
Purpose: Financial assistance for outstanding minority
high school seniors who are planning to pursue a career in
engineering.

TELACU Scholarship Program
5400 East Olympic Boulevard, Suite 300
Los Angeles, CA 90022
Tel: (323) 721-1655
Purpose: Financial assistance to Latino students in the Los
Angeles area to help build leaders in several areas; teachers,
science or engineering, and the arts.

Telemundo 48 Estudiante del Mes Scholarship
Spanish Speaking Citizens Foundation
1470 Fruitvale Avenue
Oakland, CA 94601
Tel: (510) 261-7839
Purpose: Financial assistance to Hispanic students in Northern
California who are interested in going to college.

U

U.S. Hispanic Leadership Institute (USHLI)
Dr. Juan Andrade Scholarship for
Young Hispanic Leaders
431 S. Dearborn St., Suite 1203
Chicago, IL 60605
Tel: (312) 427-8683
Purpose: Financial assistance to help students obtain a college

education.

V

Vesta Club Scholarships
P.O. Box 13414
Phoenix, AZ 85002
Tel: (602) 278-5839
Purpose: Financial assistance to graduating seniors from
Maricopa County, Arizona.

**Veterans of Foreign Wars of
Mexican Ancestry Scholarship Program**
651 Harrison Road
Monterey Park, CA 91755-6732
Tel: (626) 288-0498
Purpose: Assistance for postsecondary education to Mexican
American students in California.

W

Washington State Tuition and Fee Waiver Program
Washington Higher Education Coordinating Board
917 Lakeridge Way
P.O. Box 43430
Olympia, WA 98504-3430
Tel: (360) 753-7850
Purpose: Financial assistance to needy or disadvantaged
Washington residents who are interested in attending college in
the state.

West Virginia Space Grant Consortium
c/o West Virginia University
College of Engineering and Mineral Resources
P.O. Box 6070

Morgantown, WV 26506-6070
Tel: (304) 293-4099
Purpose: Financial assistance to high school seniors who wish
to attend member institutions of the West Virginia Space Grant
Consortium to prepare for a career in space-related science or
engineering.

William Randolph Hearst Scholarship
National Action Council for Minorities in Engineering
350 5th Avenue, Suite 2212
New York, NY 10118-2299
Tel: (212) 279-2626
Purpose: Financial assistance to minority high school seniors
who are interested in preparing for a career in engineering.

Wisconsin Institute of Certified Public Accountants
Attn: Educational Foundation
235 North Executive Drive, Suite 200
P.O. Box 1010
Brookfield, WI 53008-1010
Tel: (414) 785-0445
Purpose: Financial assistance for minority high school seniors in
Wisconsin who are interested in majoring in accounting.

Y

Youth Opportunities Foundation
P.O. Box 45762
8820 S. Sepulveda Blvd., Suite 208
Los Angeles, CA 90045
Tel: (310) 670-7664
Purpose: Financial assistance to high school seniors in California
based on academic achievement.

Appendix II

Community Organizations

Aspira Association, Inc.
1444 1 Street, NW, Suite 800
Washington, D.C. 20005
Tel: (202) 835-3600
Aspira is a nonprofit organization dedicated to encouraging and promoting education and leadership development among Hispanic youth in the United States.

Ayuda, Inc.
1736 Columbia Road, NW
Washington, D.C. 20009
Tel: (202) 387-4848
Ayuda is a nonprofit, community-based organization that serves the needs of the foreign-born, low-income community by providing high-quality legal services for immigration and domestic violence purposes

Bilingual Private Schools Association
904 S.W. 23rd Avenue
Miami, FL 33135
Tel: (305) 643-4888
Biprisa is an organization dedicated to increasing community awareness of the purposes and principles of bilingual education.

CARECEN (Central American Refugee Center)
1459 Columbia Road, NW
Washington, D.C. 20099
Tel: (202) 328-9799
CARECEN is an organization that provides legal, educational and advocacy services for Hispanics.

Casa Del Pueblo
1459 Columbia Road, NW
Washington, D.C. 20009
Tel: (202) 332-1082
Casa del Pueblo is a community-based organization that serves the educational, social, cultural, self-improvement, and empowerment needs of Hispanics, particularly those who have recently arrived to the United States from parts of Central America.

César Chavez Foundation
634 S. Spring Street, Suite 727
Los Angeles, CA 90014
Tel: (213) 362-0267

Chicanos Por La Causa, Inc.
1112 East Buckeye Road
Phoenix, AZ 85034
Tel: (602) 257-0700

Congressional Hispanic Caucus
1527 Longworth HOB
Washington, D.C. 20515
Tel: (202) 225-2410

El Centro Chicano

University of Southern California
817 West 34th Street, Room 300
Los Angeles, CA 90089-2991
Tel: (213) 740-1480
El Centro Chicano works to promote student retention and development. It serves as a network for Chicano/Latino students to develop their leadership aptitude.

Future Leaders of America

1110 Camellia Street
Oxnard, CA 93030
Tel: (661) 485-5237
The FLA mission is to teach leadership skills and inculcate in Latino youth a deeper understanding and appreciation of responsible leadership in a democratic society.

Hispanic Association of Colleges and Universities

8415 Datapoint Drive, Suite 400
San Antonio, TX 78229
Tel: (210) 692-3805

Hispanic Coalition on Higher Education

785 Market Street, Third Floor
San Francisco, CA 94103
Tel: (415) 284-7220
The Hispanic Coalition on Higher Education was established to represent Latino higher educational interests to federal state and legislative bodies.

Hispanic Scholarship Fund

55 Second Street, Suite 1500
San Francisco, CA 94105
Tel: (415) 808-2302
Toll-Free Number: (877) 473-4636
NHSF provides scholarships for undergraduate and graduate

students of Hispanic heritage.

Latin American Educational Foundation
Peña Business Plaza
924 West Colfax Ave., Suite 103
Denver, CO 80204
Tel: (303) 446-0541
The Latin American Educational Foundation provides partial financing for Hispanic students desiring a college education.

Latino Issues Forum
785 Market Street, Third Floor
San Francisco, CA 94103
Tel: (415) 284-7220

LIF is a nonprofit organization whose purpose is to address major statewide and national issues of concern to Hispanics.

League of United Latin American Citizens
2000 L Street, NW, Suite 610
Washington, D.C. 20036
Tel: (202) 833-6130
LULAC is the largest and oldest Hispanic organization in the country involving and serving all Hispanic nationality groups.

Los Niños
287 G Street
Chula Vista, CA 91910
Tel: (619) 426-9110
Los Niños helps children and families living in marginal communities along the U.S.-Mexico border by providing education programs that focus on family/school nutrition.

Los Padres Foundation
Hamilton Grange Post Office
P.O. Box 85
New York, NY 10031
Los Padres is a nonprofit foundation that provides college tuition
support, mentoring, and part-time jobs.

Mexican American Cultural Center
P.O. Box 28185
San Antonio, TX 78228-5104
Tel: (210) 732-2156

MALDEF
Mexican American Legal Defense and Educational Fund
1717 'K' Street NW, Suite 311
Washington, D.C. 20036
Tel: (202) 293-2828
MALDEF is a national nonprofit organization whose principal
objective is to protect and promote the civil rights of U.S.
Latinos.

Mexican American Unity Council
2300 West Commerce Street, Suite 200
San Antonio, TX 78207
Tel: (210) 978-0500

Multicultural Education, Training, and Advocacy
240 A Elm Street, Suite 22
Somerville, MA 02144
Tel: (617) 628-2226
META is a national organization specializing in the educational
rights of Hispanics and other linguistic minorities and migrant
youth.

National Association for Chicana and Chicano Studies
Chicano Education Program
Eastern Washington University
Monroe Hall 202, MS-170
Cheney, WA 99004
Tel: (509) 359-2404

National Center for Farmworker Health, Inc.
1770 FM 967, Buda, TX 78610
Tel: (512) 312-2700
The mission of NCFH is to improve the health status of farmworker families.

National Council of La Raza
1111 19th Street, NW, Suite 1000
Washington, D.C. 20036
Tel: (202) 785-1670
The National Council of La Raza is a private, nonprofit organization established to reduce poverty and discrimination, and improve life opportunities for Hispanics.

National Hispanic Institute
Maxwell, TX 78656
Tel: (512) 357-6137
NHI targets top Latino youths in high school and college and conducts creative leadership training to develop students' self-marketing, networking, college planning and organizational development skills.

National Image, Inc.
930 W. 7th Avenue, Suite 139
Denver, CO 80204-4417
Tel: (303) 534-6534
National Image, Inc. is a nonprofit organization committed to promoting equality and opportunity in the areas of employment, education, and civil rights.

National Puerto Rican Coalition, Inc.
1700 K Street, NW, Suite 500
Washington, D.C. 20006
Tel: (202) 223-3915

National Puerto Rican Forum (NPRF)
31 East 32nd Street, 4th floor
New York, NY 10016-5536
Tel: (212) 685-2311

New American Alliance
8201 Greensboro Drive, Suite 300
McLean, VA 22102
Tel: (703) 610-9026
An American Latino business initiative, the New American Alliance is an organization of American Latino business leaders united to promote the well being of the American Latino community.

National Association for Chicana and Chicano Studies
Chicano Education Program, Eastern Washington University
Cheney, WA 99004
Tel: (509) 359-2404
The goal of this association is to build Chicano political, cultural, and educational awareness.

National Society of Hispanic MBA's
8204 Elmbrook, Suite 235
Dallas, TX 75247
Toll-free: (877) 467-4622
The NSHMBA is a nonprofit organization that works to increase the enrollment of Hispanics in business schools.

PRLDEF - Institute for Puerto Rican Policy
99 Hudson Street, 14th Floor
New York, NY 10013-2815
Tel: (212) 739-7516
Toll free: (800) 328-2322

Tomas Rivera Policy Institute
1050 N. Mills Avenue
Claremont, CA 91711
Tel: (909) 621-8897

United Farm Workers Of America- AFL-CIO
National Headquarters
P.O. Box 62
Keene, CA 93531
Tel: (805) 822-5571
Founded by the late César Chavez, the UFW is the largest
organization of farm laborers in the United States.

Introduction

Two years ago when we first began putting this book together it was designed to be a pure and honest effort to offer Latino parents basic information about the public education system in the United States, that we believed would be helpful and useful to them. However, in the past few years as several reports have released their findings that there is, in fact, a national crisis regarding dropout and graduation rates for Latino, Black and Native American youth in American cities, especially with young men, the critical importance that this information gets into the hands of Latino parents became more evident, and revisions have been made to the information in order to make it more empowering for you who read it. I will specifically address the myths, questions and concerns I've experienced over the past ten years teaching predominately Latino children at a public school in Los Angeles, California, and include information that you may use to increase your child's chances of turning around the frightening dropout statistics amongst Latino youth.

In order for this book to be of any use to you, you must

believe — no, you must know that it is possible for your child to make it to college! You must also know that it is primarily your responsibility to make sure that it happens! I will provide in the pages of this book advice and guidance that will help you to help your child to reach their academic potential, and realize that family dream of sending your children to continue their education beyond high school. For those of you that don't have an idea about the educational system in the United States and how to prepare your child for college, perhaps because you didn't go to college yourself, this book, if you use the information in it, is geared to help you and your family overcome that obstacle.

As I began to research whether this book would just be another on a long list of books on the subject, it immediately became apparent that not only were there not a "long list" of books on the subject, but this would be the first and only one of its kind which addresses the specific issues and needs of the rapidly growing Latino population. The scary part is when looking at the current Latino population and the growth trends, combined with the disproportionate percentages of Latino students that are dropping out of high school, highlighted in the "*Losing Our Future: How Minority Youth are Being Left Behind by the Graduation Rate Crisis*" released by the Civil Rights Project at Harvard University, The Urban Institute, Advocates for Children of New York and The Civil Society Institute, the publishing of this information

KNOW THAT YOUR CHILD CAN MAKE IT TO COLLEGE!... IT IS PRIMARILY YOUR RESPONSIBILITY TO MAKE SURE THAT IT HAPPENS!

became that much more critical. The report revealed, "For the predominantly, Latino populations in New York City and Houston school districts, the graduation rates are 38% and 40% respectively..." and then referenced a John Hopkins study which reported, "*in schools where 90% or more of the enrollment were students of color, only 42% of all the freshmen advanced to grade 12.*"

One thing I must say here, when I use the words 'Latino' or 'Hispanic', they are very broad terms and cover people that come from many different countries including Mexico, Puerto Rico, Dominican Republic, Cuba, and Central American countries (El Salvador, Nicaragua, Guatemala, Honduras, etc.). Some of these groups, like Cuban-Americans, have high school graduation rates and college acceptance rates that are among the best in the country. For those groups, or for individual families whose children are not struggling to make it through the educational system, some of what I say will not apply to you. My target audiences are those Latino families, from whatever country,

IF YOUR CHILDREN JUST DO WHAT THEY'RE 'SUPPOSED' TO...THEY WON'T MEET THE MINIMUM CRITERIA TO GET ACCEPTED INTO COLLEGE.

that are struggling, and that may not have the necessary information and need a little help and guidance for their children to make it through successfully.

My interests in writing this guide and compiling the information you will find within its pages are very personal. As a current middle-school mathematics teacher in a predominately Latino school (97%) in urban Los Angeles, I'm confronted daily with the very real conditions of America's public school system and all of its inadequacies. In addition, I'm also a product of Latino immigrants who came to this country several decades ago with little more than an elementary school education, and knowing very little about the American educational system. They did like most Latino parents do in newly arrived immigrant homes — whatever the teachers told them. Fortunately for me, my parents were able to enroll me in a parochial school that had an excellent reputation for supplying a good education. At the time no one in my family knew what steps I needed to take to get into college, so *I just followed and did what my friends at school were doing.* The majority of my friends at school had parents that had attended college and knew the right things to guide their children to be competitive in the college admissions process.

One of the major reasons I made it to college was the high school I attended was set up to prepare its students for college. Almost all of my classmates were college bound, so by default I made it. When everyone else was taking the necessary academic tests for college admission (PSAT, SAT, AP) I copied what they did. Since I didn't know anything about them, I signed up to take them also. When my classmates selected to take advanced placement classes, I signed up to take them also. What I did was natural, I followed the crowd, and that's exactly what most young people today continue to do. They follow and do what their friends do. The problem that arises in many inner city schools is that they are not designed and structured to guide their students to college or university enrollment. Remember the statistic I gave earlier, "*in schools where 90% or more of the enrollment were students of color, only 42% of all the freshmen advanced to grade 12.*"

Most inner-city schools are designed to get as many students as possible to graduate with a high school diploma, not to continue on to the university. But when you examine the high school dropout rates for the Latino student population, one of the groups with the highest dropout rates nationwide, it's clear that the system is not working properly.

When looking at the ten largest cities with Latino populations, and matching the graduation rates for Latino students in those school districts according to statistics from the "*Losing Our Future*" report, the case I'm making is clear.

City	School District	Grad. Rate
Los Angeles	LAUSD	40.2%
New York City	NYC	30.1%
Miami	Dade Co.	52.8%
Chicago	City of Chicago	50.8%
San Francisco	San Francisco USD	48.4%
Oakland	Oakland USD	35.4%
Houston	Houston ISD	34.7%
Dallas	Dallas ISD	45.8%
Ft. Worth	Ft. Worth ISD	35.4%
San Antonio	San Antonio ISD	51.7%
San Diego	San Diego City USD	47%

The four states with the lowest graduation rates for Latino students are New York (31.9%), Massachusetts (36.1%), Michigan (36.3%), and Iowa (40.5%). No matter how you look at the numbers, too many Latino children are not completing high school.

If your children just do what they're "supposed" to, or are required to do to graduate, or worse, if your children follow what their friends do, chances are that they either won't have the necessary credits, or they won't have a high enough grade-point-average and meet the minimum criteria to get accepted into college.

Graduation from high school does not mean you have fulfilled the requirements necessary to attend college. The biggest difference between many of the students in overcrowded, inner-city schools and what happened with me is that the students in my high school were college bound. The percentage of graduates from my high school that went on to college was in the high nineties. At my school the system and structure was designed for the students to succeed. While in most urban areas where there are large populations of Latinos including Los Angeles, New York, Chicago, Houston, San Antonio, and Miami the overcrowded, under-performing schools have a different goal and focus for most — struggling to get the students to graduate as the numbers clearly show.

I've met a lot of parents that feel helpless when it comes to figuring out the American educational system. Many Latino parents, therefore, put one-hundred-percent of their faith and confidence in the teachers and the school system to properly prepare their children. In fact, I think Latino parents in general put far too much faith in teachers, administrators and the public school system. My hope is that this guide will empower you

14

to not be so heavily dependent on the schools and teachers to look out for the best interests of your children and their futures. You must understand that you need to get involved now more than ever, and be the main force pushing your kids. If you're expecting the school systems to do it, you must

YOU MUST UNDERSTAND THAT YOU NEED TO GET INVOLVED NOW MORE THAN EVER... IF YOU'RE EXPECTING THE SCHOOL SYSTEMS TO DO IT, IT'S NOT GOING TO HAPPEN.

understand that it may not happen. The schools can't do it alone. Part of the problem is the schools are so overcrowded that it's very easy for students to slip through the cracks. Even the good students can, and do, slip through.

As teachers our jobs would be a lot easier if we walked into classrooms full of energetic, motivated and inspired students who were eager to learn, even if they were overcrowded with 30 to 40 students. It's sad to say, but that is not the reality. In my conversations with other teachers there is a level of frustration because a lot of our students do not seem to aspire to go to college or are disinterested in learning. The reasons, to

15

me, are obvious. In fact, to some degree I don't blame them for not wanting to go to college. Since most of them have never had a college experience or have not had family members that have experienced college, it becomes easy for them to not want something they've never experienced. They're not used to it. Here's an example that may help make my point. I don't own a Mercedes Benz, but I don't miss having one. I may desire to have one at some point in the future when I make enough money, but I've never owned one or driven one so I don't know what it feels like to have a Mercedes. My not having one doesn't hurt me. On the other hand if I were to get my current vehicle impounded, that would hurt tremendously because I've experienced the convenience of having a car. I think that's what happens with our young people. Most of their parents didn't go to college, perhaps their brother or sister dropped out of school, so they don't know what it feels like to be in college and the opportunities it offers.

That's the main reason I volunteer to participate as an advisor in my schools' College/Career Club, where we take middle-school students on field trips to colleges and professional places of business. I want the students to see the campuses, but I want them to do more than just see a campus. As often as possible I try to arrange field trips where students can actually take a class with a college professor. I want them to get the college experience or at least as much of it as possible at their age, so if they ever do decide not to go to college, I want them to at least second-guess themselves. I want it to hurt at least a little because they've experienced it. Obviously it's not enough to visit a college for one day, but at least with that little taste, as small as it may be, they may not be as quick to dismiss college as something they're not interested in.

One of the things I like most about the field trips I've gone on is when the kids come to me after a trip and say, "I wouldn't want to go to that school, it's too small." I like that because at least they're thinking about it. "I don't fit here." I'm glad when they say that. As great as my college alma mater is, Occidental College, it wasn't really the best fit for me. The fact that these kids are already thinking, "I don't see myself fitting in here. I like Loyola better, or UCLA better than Occidental, or vice versa." I like that because now their mentality is changing. They can see themselves in the college picture. It's now a goal of theirs.

When I talk to students in the College/Career Club, or students that I teach math to, and ask them how many of their parents want them to go to college, practically every one of them raises their hand. When I follow that question up with, "How many of your parents went to college?" maybe one or two will raise their hand. I've found there's a big difference between parents' desires to see their children attend college, the students desires to get into college, even if it's just to please their parents, and the amount of information and preparation that the students have to enable them to successfully get into college. Once again, in my personal opinion, the dramatic difference between the numbers that desire college, and those that actually go, stems in large part from the misplaced faith that Latino parents and students place in the teachers and educational system. They both erroneously believe that if they go to school and get good grades, the high school will do the rest. That's a big misconception that Latino parents and students have.

My parents were the same way. Whatever my teacher told them they believed was right. Whatever advice my teachers gave my parents they followed, whether they agreed with it or not. For example, as a child I had a very difficult time learning English; we spoke three languages in my house, Basque, my fathers language, Spanish and English. The English that was spoken at home was broken English. My parents couldn't speak, at least at that time, a word of English. We didn't know it at the time but I was completely deaf in one ear, so I had a very hard time developing basic speaking skills. I developed really late. One of my teachers came to my parents' house and told them that I was not smart enough to handle them speaking three different languages in the house, and recommended that they only speak in one language, English. That's exactly what my parents did with me. They would only speak to me in English, and they had me speak in English, to the point where English is now my dominant language. I'm comfortable speaking English, that's what I'm used to, and my parents didn't question it at all. It isn't until now, twenty-five years later, that they regret what they did. They feel like they partially betrayed their cultural roots, and a lot of their peers and friends question their decision. But at the time they didn't question it. The teacher said it and they did it, no questions asked. I see parents do that all the time. I've given advice to parents and they'll just do what I say, they won't question it. They'll either say yes to shut me up, or they'll do what I say and never question why. They accept what I say as the truth. In the countries where most of you come from the people have the utmost respect for teachers. My school has a huge Central American and Mexican population so that mentality is still evident amongst the parents I meet. That level of respect has benefits, but it also has its drawbacks which I will discuss later.

When I ask students the question, "How many of you have spoken to a counselor about college," maybe one out of 35 students will raise their hand. The most discouraging thing is the group I'll be speaking to is the 'advanced' group, or the 'Academy' class and usually only one person will raise their hand. You can just imagine how many students would raise their hand in the 'regular' or 'English Language Learner' (ESL) classes. No matter how well intentioned the counselors are, they're overwhelmed with too many students, and instead of dealing with academics and educational and career goal setting, they have to deal with discipline issues, at least at the middle-school level. Due to the overwhelming numbers of students, counselors are unable to meet the needs of individual students; instead counselors try to fit the school's needs. Whatever will accommodate a teacher, or class, or program is what they do, not what's best for your son, daughter, niece or nephew.

This guide will hopefully give you practical things that you can do to help your son or daughter, younger brother or sister, work with the schools to prepare for going to college.

I would like to personally thank you on behalf of the students that your purchase of this book will help. A portion of the proceeds from the sale of this book will be used to take a group of students from Berendo Middle School on field trips to visit universities all over the country. We welcome any feedback, questions or concerns that you may have to offer and we'll attempt to address them in future editions of this work. Simply write to us at:

Y & G Communications,
311 N. Robertson Blvd. #510
Beverly Hills, CA 90211

Myth #1

"I have no time."

very parent that I know would quickly give up their own lives if it would save the life of their most prized and precious "possession", their child. What you must realize as a parent is when you refuse to give the extra half-an-hour or hour to your child to help with their education, you could be negatively effecting the quality of your child's life in the future.

Many Latino parents express the feeling that you just don't have the time to help with your child's homework, or to visit your child's teachers, because you're too busy working. I hate to sound harsh, but *that's nothing but an*

23

excuse! Everyone acknowledges that Latino parents, as a group, are very hardworking, and for some, because of their new immigration status, are employed in menial jobs that do not pay much money, forcing you to work many hours to pay the bills. However, you need to show your sons and daughters that you're willing to make sacrifices, no matter how tired or hard things are, that you're willing to take the extra step to ensure the educational success of your children. If you don't, statistics show that your children will likely repeat the cycle of working at low paying, menial jobs. If your children see that you have an "I'm too busy" or "I'm too tired" attitude, and that you're not willing to sacrifice for their education, then your children will adopt the same attitude when it comes to making personal sacrifices relating to education; like missing their favorite TV shows or turning off the video game in order to complete an assignment and excel in school. As parents, if you are not willing to make additional sacrifices of your time, there is no way that you can expect your children will make the necessary sacrifices to graduate from middle and high school.

In my years of teaching I've had a number of students

say to me that their parents don't care about how or what they do in school. When I hear things like that I usually contact the parent to see if that's true. More often than not the issue is not that the parents do not care, in fact, almost all of

IF YOUR CHILDREN SEE THAT YOU HAVE AN "I'M TOO BUSY" OR "I'M TOO TIRED" ATTITUDE... THEN YOUR CHILDREN WILL ADOPT THE SAME ATTITUDE WHEN IT COMES TO MAKING PERSONAL SACRIFICES RELATING TO EDUCATION...

the parents that I've spoken to in the past ten years do care, but the issue most of the time comes down to the parents working so much that they don't feel that they have the time to be involved with, or check their child's assignments when they come home from work. Many children take your lack of being involved as a sign that you don't really care how they do in school. No matter how many times you tell them that you care, it's your actions that speaks louder than your words. Modeling, not just talking to your children about what they should be doing, but showing them through your actions and by your example is crucial in your children's lives.

There is so much competition for young people's attention; hundreds of television channels, realistic video game systems that allow them to play against their friends, the internet, music videos, there are more than enough distractions for young people growing up in today's society. You have to exhibit the behaviors you want from your children. If you want them to focus on their schoolwork, try focusing more on them and their schoolwork. If you want them to work harder on their assignments, then sit with them while they're working on their assignments whenever possible. If you want them to give up speaking on the phone with their friends, show them you've given up watching your favorite novela and turn the TV off to provide them with quiet study time in the house. Young people watch what you do, regardless of the words that come out of your mouths. If you show that you're willing to make additional sacrifices when you come home from work or school, no matter how tired you are, or how long or bad your day was, some of that will rub off on your child in a positive way.

Your children need to feel your presence in their lives. They need to feel that you care about them, that you want them to succeed, that you want them to go to college. My definition of caring extends above and beyond buying them sneakers and games and other material items. Most of you are working tremendously hard to provide for your children's material needs. Sometimes the end result of all your hard work is a child with a bad attitude, because the child has material items but what

As PARENTS, IF YOU ARE NOT WILLING TO MAKE ADDITIONAL SACRIFICES THERE IS NO WAY THAT YOU CAN EXPECT YOUR CHILDREN TO MAKE THE SACRIFICE.

she really needs and wants is you, her mom and dad involved in her life. Most children would rather have quality time with you than the items that you give them. Attempting to make up with material items, what you can't give them in time, is a short-term fix that does not cure anything.

The best example I can give is the one that my father gave to me. Growing up, my dad would take me to the library or anywhere I had to go that was related to school with no questions asked. If I wanted to play on a school sports team, and it meant he had to pick me up at 8 or 9 o'clock at night, even though he had to wake up at four o'clock in the morning, my parents made it clear that they were willing to make that sacrifice. My parents made it very clear through the sacrifices

I saw them make for me that my education was important to them, and it very quickly became important to me, and it may for your children too if you make the extra sacrifice. Remember, relaxation and rest are not more important than your children.

Myth #2

"The schools offer everything to my child."

s I highlighted in the introduction to this book, the public school systems, especially in the larger inner-cities, where there are larger minority populations, are failing drastically. To me it's a really silly concept to continue to send your children to public schools that are failing such large numbers of students, and expect that by just sending your child to school everything will be taken care of. That's not just a case of the schools failing our children, but an example of a parent failing the child as well. Think about it. Would you send your child to drive to school with a person that has had numerous accidents that have led

29

to passengers being injured? Probably not. Would you send your loved one to be operated on at a hospital where less than 50% of its patients come out alive? Probably not! You would try to find a driver, or a hospital that had a better record of success in each instance. I would hope you would do the same thing with your child's school, and if you can't get them into a better school, at the very least you can do your all to make sure that you are active at the school to keep your eyes on what's happening with your child. Sitting in classrooms, visiting or calling teachers and counselors, something other than just leaving your child in the hands of a failing school system.

MAKE AN APPOINTMENT WITH YOUR CHILD'S COUNSELOR SO THAT THE COUNSELOR CAN SPECIFICALLY DISCUSS YOUR CHILD'S EDUCATIONAL PLANS AND GOALS.

That reminds me of the definition of the word insanity given by the great scientist Albert Einstein, "Insanity is doing the same thing over and over again and expecting different results." Some of you have had one, two, or three children go through the same public schools, with the same teachers, and your same old 'hands off' approach to the whole thing, and the result has been dropout after dropout after dropout. I could understand you continuing to let the schools do their thing uninterrupted if everything was working out to the benefit of your children and your family, but if things are not working out, actually if things are failing miserably, please don't just throw your hands up, give up, and assume that your children are too slow or dumb to get it, and accept that they will not graduate from high school. If you do, chances are that's exactly what will happen — they'll dropout. Become involved, take some parenting classes, refuse to give up so easily on your childrens future.

There's a big misconception that too many Latino parents have that the schools will take care of your child and make sure they're headed in the right direction. If the schools and classrooms were not so overcrowded that may be true, however, in many public schools around the country, the student-to-teacher ratio, and the student-to-counselor ratio is so high that it's not practical or realistic for the school staff to give your child the personal attention that he or she needs and deserves. What is often the case is the counselors, instead of giving information about career goals, college and university acceptance requirements, and financial aid resources, counselors lose a lot of time dealing with discipline issues, especially when they're at understaffed, overcrowded schools.

YOU HAVE TO PAY MORE ATTENTION TO THE NEEDS OF YOUR CHILDREN. DON'T EXPECT THE COUNSELORS OR ANYONE ELSE IN THE SCHOOL TO DO IT FOR YOU...

I do not want to misrepresent teachers and counselors as not caring for the well being of the children they serve, because many teachers and counselors do care, but because of the overwhelming conditions in the schools, they are not as effective as we all need them to be.

The job of school counselor at the middle and high school level is crucial, and can make a big difference in whether your child graduates and is adequately prepared to attend a university. A sample job description for both a middle-school and high-school counselor includes the following points:

Middle School

- Counselors promote and enhance academic, personal, social, and career development of all students.

- Provide school-to-career guidance activities using resources, e.g., Career Information System, Career Center, and the Graduate Profile Planner/Planning Guide for the middle level.

- Provide guidance for the high school planning and magnet school application process.

- Conduct structured, goal-oriented counseling sessions in response to identified needs relative to achievement and school success of individuals and groups of students.

High School (includes the points above and also includes)

- Assist students with developing a four-year educational plan.
- Provide scholarship information.

In recent years the state of Texas passed a few laws that required all of their counselors at the elementary, middle and high school levels to; "advise students and their parents or guardians regarding the importance of higher education, coursework designed to prepare students for higher education, financial aid availability and requirements." Additionally, the high school counselor is required to provide information to a student and parents during the student's first year and senior year in high school regarding:

- The advantages of completing the recommended or higher high school program;

- The disadvantages of taking courses to prepare for a high school equivalency;

- Instructions on how to apply for federal financial aid;

- The eligibility and academic performance requirements for the TEXAS Grant; and the automatic admission of students who graduate with a grade point average in the top 10 percent of the student's graduating class...

The reason why Texas passed these laws is because they realized that in most cases it wasn't being done. Texas is not the only state that appreciates the value and importance of the job of the school counselor. The duties of counselors throughout the country are all similar, it's just that these job responsibilities and duties are a small part of the school counselors job, and because of the environment that exists in many schools, many good intentioned school counselors are not able to spend nearly as much time as they would like on these important activities. They are preoccupied with the large numbers of behavioral issues that come up constantly.

So what can you do if your child's counselor is not performing some of the duties described above? Help your child yourself, and here are a few steps you can take.

We discussed in the last chapter things you can do to be more involved in promoting and supporting your child's academic success — spend some time staying involved. There are more things you must do to support the academic success of your child that we will discuss in chapter 4.

In terms of social development, strongly encourage your child to become involved in some kind of extracurricular activity with the school. Extracurricular activities have several benefits. For one, universities are looking for well rounded individuals to attend their schools, and extracurricular activities are an excellent way to round out a students education. Secondly, many times the coach or teacher in charge of the activity will take a special interest in the children on their team or in their club. They become more interested in the child's academic success because failing grades may jeopardize their participation with the team or group. For many kids the extra push from a teacher or coach who is looking after them is enough to help them get over the rough spots when they come up. Finally, the type of students that would be committed enough to join a club or team, show up for practices or meetings, and continue to keep up the academics to remain with the activity, is more likely the type of child that you would want your child to be associated with. Besides, the practices and meetings keep your child involved with something positive and with people you know, as opposed to on the streets getting into who knows what.

To help provide school-to-career guidance for your children the best place you can possibly take them is the Career Center at the nearest public library. There are all kinds of books and resources available to young people for free at the library. Some of the most comprehensive and popular reference books that you can use for your children are:

- *Encyclopedia of Careers and Vocational Guidance*
- *Exploring TECH Careers*
- *Young Person's Occupational Outlook Handbook*
- *The American Almanac of Jobs and Salaries*
- *Vocational Careers Sourcebook*
- *The Career Tool Kit for High School Students*

Also available at the library is free internet access, where you and your child can research more specific information about particular careers. One website that can be very helpful is America's Career Infonet (www.acinet.org), where you can explore various careers and industries, watch real people doing real work in career videos, find educational requirements for various occupations, find out if you might qualify for federal financial aid, and how to apply for it, and much more.

Therefore parents, do not assume that the schools will do everything to help your child succeed, nor should you throw your hands up and complain if the counselors at your child's school are not very helpful discussing your child's educational and career options, you have to pay more attention to the needs of your children, and if it's not getting done at school, make sure to help get it done outside of school. Don't expect the counselors or anyone else in the school to do it for you. If the counselor at your child's school is helpful with some of these issues, consider yourself blessed, but the responsibility to make sure that these issues are clearly understood by your child is up to you.

You are the best qualified person on the planet to deal with your child's needs. I am not saying that you must become an expert on all of the information about high schools and colleges, but I am saying that now that you know the information that school counselors are supposed to help your children with, take it upon yourself to make an appointment with your child's counselor so that the counselor can specifically discuss your child's educational plans and goals, high school magnet and specialized schools application process (discussed in next chapter), college admission and financial aid requirements, scholarship programs, internships, etc. I'm sure the counselors will welcome the opportunity to meet with you, but you will have to take the first step and ask for the information. And if they're not responsive, do it independently, with the help of the local library's resources.

Another useful resource you can use to help your children with academic and career counseling is the American School Counselor Association (www.schoolcounselor.org) website where they offer information in the "For Parents" section including; ways to make your home environment supportive for your child, ways to help your child prepare for middle and high school, positive things to do with your children during vacations, and ways to help your child prepare for their future careers. In the section discussing helping your child with their future careers they offer the following tips for parents to be involved with their children: "When planning a career with your child, consider the following:

Fourth Grade – Sixth Grade

- Encourage good work habits at home.
- Gradually add responsibilities.
- Effort/experience are more important than quality.
- Don't assign jobs at home based on sex to avoid stereotyping.
- Show various workers in your community.
- Participate in the school's career education program.

- Listen as your child makes decisions.

- Keep peer pressure in mind.

Seventh Grade – Eighth Grade

- Discuss your child's skills, interests, abilities and goals to help plan for the future.

- Encourage participation in service-oriented activities in the community.

- Help children meet a variety of workers by arranging job observations, field trips or personal interviews.

- Use guided money management and allow your child to make economic choices.

- Allow children to work part-time outside the home.

High School

- Help your child make independent decisions.

- Encourage exploration of all kinds of post-secondary education opportunities.

- Involve yourself in your child's future planning.

- Give certain economic responsibilities.

- Encourage job awareness.

• Be flexible as the decision-making process evolves. It takes patience and numerous modifications."

Myth #3

"Children get the same type of education at all public schools."

Some parents may wonder why this book starts with things to do while in middle school. The truth is future editions of this book will begin with things to do in elementary school, because the quality of education that students receive at various public schools is not all the same. As an example I'll use the graduation rates of the three high schools the majority of my students attend. Of the three high schools, according to the "*Losing Our Future*" study, one has a 37% graduation rate, another has a 33% graduation rate, and the third has a 32% graduation rate. If you were a parent of a student at a middle school whose neighborhood high schools had graduation rates like these, would it be scary enough for you? I could easily continue to make my point by discussing districts and schools throughout the country and their dismal drop-out statistics. But I'd rather choose an example of a Los Angeles area magnet high school that has outstanding academic and college admission rates to make my point.

In the Los Angeles public school system there are schools called 'magnet schools'. In different parts of the country they may go by different names, but no matter what name they go by they are basically specialized schools that are part of the public school system. Sometimes they are separate schools, and other times the magnet program exists within a larger school. They are called magnet schools because they attract students of similar interests. The philosophy behind the magnet school program was originally to overcome the effects of "past discrimination" and to desegregate schools, but to do it on a voluntary basis. In other words it was a school where students of different races or from different areas of a city would select to attend a particular school, usually because of its stated educational focus. Across the country there are magnet schools that specialize in a wide variety of subjects including law, computer graphics, accounting, pre-engineering, performance arts, computer science, aviation/aerospace, electronic music, mathematics, international banking, business, medicine, science and technology. According to Magnet Schools of America, an organization for magnet schools, they've discovered:

1. That all students do not learn in the same ways;
2. That if we take advantage of a student's interest and aptitude, that student will do better in subjects unrelated to his/her reasons for choosing the school;
3. That choice itself will result in improved satisfaction that translates into better achievement;
4. That every child can learn and it is our job to offer enough options so that parents of all children (or students themselves) will have the opportunity to choose the programs best suited to them.

Magnet schools can give an advantage to many students over regular schools, especially with admission to competitive colleges. Many magnet schools have excellent reputations with selective colleges and the fact that a student is graduating from a certain magnet program improves their chances to be accepted.

One of the schools that I try to get as many of my top students to apply for is the John H. Francis Polytechnic High School Math, Science and Technology Magnet (Poly). Some of the benefits of Poly and the reason I encourage my students to apply to the program are:

- Some courses receive both high school and college credit.
- Juniors and seniors who complete the program are guaranteed priority admission into UCLA.
- Students are able to enter college with a sophomore standing and only $2^{1/2}$ years left to complete a bachelor's degree.
- Students are able to double major.
- There are no enrollment fees.
- All fees are waived.
- Textbooks are provided free of charge.
- All classes are University of California and California State University transferable.

Poly's graduating Class of 2002 had a remarkable record of

success with *100% of the class attending college. In addition 50% of the students entered as second semester sophomores* at their university due to Poly's "Early Start to College Program", which can potentially save parents thousands of dollars in tuition or loan repayments. Among the most highly selective schools that accepted Poly graduates;

- MIT *(ranked 1st in engineering)*: 2 students with full scholarships
- Cal Tech *(ranked 4th overall in the nation)*: 3 students with full scholarships
- Princeton *(ranked 1st in the nation-Ivy League)*: 1
- Stanford *(ranked 4th in the nation with MIT)*: 1
- Dartmouth *(ranked 9th in the nation- Ivy League)*: 1
- Cornell *(Ivy League)*: 1
- Berkeley: 11 (14% of Poly's graduating class)
- UCLA: 27 (36% of Poly's graduating class)

These are very impressive statistics, and the good news is there are middle-school and high-school magnet programs throughout the United States. On the Magnet Schools of America website (www.magnet.edu/districts) the following list of school districts can be researched for schools in your area. If you do not see your school district listed and are interested in the magnet schools in your area contact your local district.

- Aldine Independent School District, TX
- Albuquerque Public Schools, NM
- Baltimore County Public Schools, MD
- Berkeley Unified School District, CA
- Broward County Schools, FL
- Charlotte-Mecklenburg, NC
- Chicago Public Schools, IL
- Dallas Independent School District, TX
- Douglas County Omaha P. S., NE
- Duval County Public Schools, FL
- Freeport Public Schools, NY
- Guilford County Schools, NC
- Hot Springs School District, AR
- Houston Independent School District , TX
- Lansing School District, MI
- Little Rock School District, AR
- Long Beach Unified School District, CA
- Los Angeles School District, CA
- Miami-Dade County Public Schools , FL
- Newburgh Enlarged City School District, NY
- San Jose Unified School District, CA
- Savannah-Chatham County Public Schools, Savannah, GA
- School Board of Manatee County, FL

- School District of Hillsborough County, FL
- School District of Palm Beach County, FL
- Springfield Public Schools, MA
- St. Louis Public Schools, MO
- Tucson Unified School District, AZ
- Wake County Public School System, NC
- Yonkers Public Schools, NY

The college admissions rates of many magnet high school programs are comparable to parochial or private schools that cost thousands of dollars per year. And because of the obvious successes of magnet schools around the country they have become very competitive and selective. Which gets us right back to why it's so important that you begin helping your son or daughter, even in middle or elementary school, to be able to compete for the highly valued seats at schools like Poly.

Magnet programs are very competitive. Think about it, parents spend thousands of dollars per year for their children to go to high schools that have the kind of success that magnet schools like Poly have. The difference is Poly, and other magnet schools, are free. So parents that would prefer to save the money from sending their children to a private high school, enroll their children into magnet schools and therefore the schools have become very competitive and selective.

The U.S. Department of Education has posted the following information about the overall magnet school selection process; "some districts allow schools to establish selective admission criteria; minimum grade-point average, test scores, behavioral

YOU CAN HELP YOUR CHILDREN PREPARE FOR THE SAT AND AP (ADVANCED PLACEMENT) TESTS. THE MOST IMPORTANT THING YOU CAN DO TO HELP THEM IS REQUIRE THEM TO READ EVERYDAY.

history, auditions, or portfolio presentations. *But the basic approach, varying across districts and particular schools according to specific recruitment needs and goals, is to use a random selection process, guaranteeing fairness.*" Magnet schools do not usually select students based on grades, unless it's identified as a gifted or talented magnet. Instead, there's a lottery system, but many times it's a weighted lottery, which means the system gives added weight (i.e., an extra lottery number or two) to applicants who come from certain groups sought in the enrollment mix, such as students from low-income families. So if you are a Latino parent, in an overcrowded, urban school, and your child receives free or reduced lunch, your child would potentially recive extra points. The Los Angeles Unified magnet school information brochure explains the point system this way; "a priority point system for magnets has been created based upon the court-ordered reduction for the harms of racial isolation...Priority points are awarded on the basis of: matriculation (12), waiting list (4-12), Predominantly Hispanic, Black, Asian and other non-Anglo (PHBAO) resident schools (4), overcrowded resident schools (4) and a sibling enrolled at the desired magnet school (3)..."

Each year when you apply, and remember there are lots of parents applying, your child will either get accepted, or if your child is not accepted, he or she will earn additional points by being put on the 'wait list'. The more points your child has each year you apply, the better their chances of being accepted. So the earlier you begin applying for a magnet school for your child, the chances of your child getting accepted into a magnet school by the time they reach high school is greatly increased. Unfortunately, many parents, especially Latino parents in poorer neighborhoods are not aware of the system and how it works.

In Los Angeles each year, LAUSD schools send the "Choices" brochure to each child's home, sometimes along with an informational flyer, but if you as a parent are not aware of what magnet schools are, and how they could greatly benefit your child and their chances at graduation success, many of you toss the brochure into the garbage and never think about it again. But I've spoken to parents of other racial groups, that also live in more affluent communities, and they are usually very aware of the magnet school application process, and begin applying to magnet schools for their children while they are in first and second grade. Have you ever heard of the saying, "What you don't know can't harm you?" Well in this case what you don't know can harm you and your child!

The magnet school program was established with the goal of making the process simple and easy for parents to understand, and accessible to each parent in participating districts. In many districts nationwide, the process of exploring and then applying to schools starts in November with applications due in mid-January. Applicants are notified of the schools decision by April 1 and must commit by April

15. Your child's school should, in my opinion, do more than just send the applications home and expect that parents will know what to do with them, but if the schools don't, again, it's your responsibility to go out and get the information on your own to benefit your child.

Early on in the school year I give my students a copy of my high school transcript, because I want them to look at the classes that I took, and I tell them that if they want to get into the colleges I was accepted into they're going to have to do better than I did, mainly because universities and students have gotten more competitive. There's one student that took my transcript and went out of his way to beat me. I took Calculus in the eleventh grade; he's taking it in the tenth grade. I took AP Biology in the eleventh grade; he's taking it in the tenth grade. He went to his counselor and showed my transcript and said, "I want to do this, this, and this", and the counselor helped him prepare a roadmap of the appropriate classes. This kid just wanted to beat me, and Poly gave him that opportunity. I gave that transcript to all of my students since my first year of teaching. I've had students go to other area high schools and attempt to do the same thing and they've been unsuccessful. They'll have counselors say, "You don't have to worry about that until the eleventh or twelfth grade. Just take this." Or the school won't offer the higher level classes, or they brush them off with, "Come back later, I'm too busy right now." The counselors at certain schools deal with discipline more than with college.

As a parent your child has a right to apply for admission to a magnet school, so make sure that when you set your appointment to meet with the school counselor that you ask about the magnet schools in your area and the process of getting an application for your child.

For those parents whose child is already in high school, or those whose children do not get accepted into a magnet program, do not despair. That does not mean that they cannot go to college. I just wanted to make you aware of some of the benefits of magnet schools. Every year, nationwide, large numbers of students graduate from regular high schools and go on to college. There are still some things you can do to help your child to increase his or her chances of getting into college. I said earlier that most state and local district tests focus on *english and math, and of the two english is most important.* In fact, in order to get accepted into college, most colleges require that applicants take the Scholastic Aptitude Test I (SAT I): Reasoning Test and SAT II: Writing Test. Students take these tests in their junior or senior years of high school. The test is designed to measure the verbal and mathematical skills students have developed over the course of their academic careers. SAT scores are used by colleges and universities as "one indicator among others- class rank, high school GPA (grade point average), extracurricular activities, personal essay, and teacher recommendations — of a student's readiness to do college-level work." Colleges and universities, especially the more selective ones, have minimum SAT scores that they use in selecting their students. The SAT I test does not require the student to remember specific facts from classes, but tests skills developed over the years.

There is also the PSAT (Practice Scholastic Aptitude Test) that students should definitely take prior to taking the SAT I because it gives similar test questions that will be on the SAT. Students should take the PSAT in their sophomore (10th grade) year. The best way to do well on both the PSAT and SAT tests is taking challenging courses throughout middle and high school and to read as much as possible.

Another test that was not given back when I was applying for college but that is now also required or recommended by major colleges and universities for admission is the SAT II. The SAT II is a one-hour, multiple-choice test on one specific academic subject. The student can choose which subject test they want to take, and some schools require students to take more than one test, and there are 22 different subjects they have to choose from including; Writing (with an essay), Literature, U.S. History, World History, Math Level IC, Math Level IIC, Biology, Chemistry, Physics, French Reading, French Reading with Listening, German Reading, German Reading with Listening, Spanish Reading, Spanish Reading with Listening, Modern Hebrew Reading, Italian Reading, Latin Reading with Listening, Japanese Reading with Listening, Korean Reading with Listening, Chinese Reading with Listening, and the English Language Proficiency Test. You can help your children prepare for the SAT and AP (Advanced Placement) tests. The most important thing you can do to help them is require them to read everyday. It is not as important what they're reading, you will probably get less resistance if you allow them to choose their books, and by reading they'll pick up a lot of vocabulary words and information that will help them when it comes time to take the SAT. You should also encourage your children to take AP classes in high school, and at the end of the year they should take the AP tests. If they pass the AP test they get college credit for that high school class. My brother, for example, passed enough AP classes that he was able to enroll into college as a sophomore (second year student). If they take enough AP classes and get enough credit they can skip up to one year of college, or at least a semester, which can save thousands of dollars depending on the university. The earlier you start your children reading, the better the chances are that they'll be ready for more advanced classes when they get to high school.

Many inner city schools, unfortunately, only offer remedial high school classes. Very few offer enrichment programs. That's one advantage that magnet schools have over non-magnet schools. Usually magnet programs will have enrichment classes while the inner city schools have to focus on making sure their students fulfill their basic requirements to graduate. A lot of magnet school programs work with a local community college so if that high school is not offering an enrichment class they'll transfer the student to take a class at one of the community colleges that they're partnered with. Obviously, for the graduation rates of minority students to increase, all of our schools must improve, and you as a parent will play an important role in that, but I highly recommend that you be diligent about alternative schools that are available to your child that already have successful programs.

Myth #4

"I don't have the education necessary to help my child."

Many parents that I've met that have not finished high school or attended college will repeat the above statement when asked to give their children help with their homework. For some reason they think that the statement "help your children with their homework" means that you give them the answers. That is not what is meant by "help your child." You need to give your children the confidence to work independently. The way I'm suggesting you help them is by providing a helpful and supportive learning environment when your children come home from school.

There are a few suggestions that I'd make off the top that have no relation to a parent's educational level. First, you should set up a spot and time in your home for doing homework. I understand that there is not enough room in every household for this to happen. I've visited some of my students at home where there was a number of adults and children living in one room, so there was no space available to designate as the 'work space'. The important point is if there *is* space then organize and use it. If there's not space, you can still help by establishing a routine with a set time for completing school work. During this time everyone in the house should respect the importance of quiet, undisturbed time by turning off the T.V., loud music, loud telephone conversations, anything that may prohibit the child from concentrating on their work.

It is likely that most children, especially those that are not used to this new schedule, will initially resist the new structure and discipline you are providing in the home, but if you're persistent, and follow through with your rules to the point that your child sees how serious you are about education — again, setting the example and showing them that you feel their education is more important than the novela, or the news, or anything else going on in that house for the one to two hours that you set aside, they will eventually get the message and respond. If you cannot do it in the home, there is usually a library somewhere nearby where quiet work can be done. It's a good idea to get your child in the habit of going to the library. Your child should be reading everyday. What they read should be something they're interested in, just as long as they're reading. This is not a book on parenting, but keep in mind that parenting experts strongly suggest that young people need boundaries and guidance.

A second way to help your child is by communicating with them daily about their schoolwork. I don't mean you ask them if they've done their homework, and while sitting in front of the TV they yell out, "Yeah. I did it." Or, "I didn't have any homework." That should not be acceptable. Your child, even at the middle school level, and especially in high school, should be doing some type of work every night during the week, either studying or doing homework for at least thirty minutes to one hour a day. It doesn't have to be an assignment from their teacher; they can spend time reading supplemental materials. Nearly all of the exams that your child will be required to take before entering college will involve English or Math. Each class is important, *but most states, at least for the time being, puts the strongest emphasis on those two subjects, and of the two english more than math.*

Something that's really important for you to do with your child, especially in math, is to have

Making regular appointments to meet with your child's teachers is one of the most important things you can possibly do to help your child's chances for success.

your child explain to you what they did or learned in class each day. In math, the best way to demonstrate mastery is to be able to explain whatever formula or concept you learned to another person. So have your children explain some of what they've learned to you. Let them become the teacher.

One of the things I really appreciated that my mom did with me when I was a child was she sat with me and we learned English together. I remember because I had a hard time with phonics, and she would stay there by me and we would do it together, and she would have me explain it to her. That helped me a lot. I believe I learned better because I had to explain it to her and show her what I learned. She held me accountable in that way. Even if I said, "I did all of my homework", or "I don't have any homework today," she'd say, "Then explain to me what you learned or what you did." I don't know if she understood anything I was saying, but at least she was holding me accountable, and I knew there was no day when I could just say, "Nothing happened."

Communicate daily with your child about what they did in school that day, and when they keep coming home and saying, "That teacher never gives us any homework, or we don't learn anything in that class all we do is..." Stop them right there and let them know *you'll* be making an appointment to visit that teacher to find out what's going on.

Notice that I said 'you'll' be making the appointment. Here's a very important point to remember, don't make your child the middleman for communication between the teachers and yourself. Avoid that at all costs. You'll be creating an opportunity for your child to manipulate situations that can lead to miscommunication and misunderstanding. Call the school directly. You talk to the counselors to make sure that your child is taking the most advanced classes possible. In my opinion, at least once a month a parent should make an appointment to talk with the teachers.

Making regular appointments to meet with your child's teachers is one of the most important things you can possibly do to help your child's chances for success. Don't wait for the first report card or progress report. By then they

HAVE YOUR CHILDREN EXPLAIN SOME OF WHAT THEY'VE LEARNED TO YOU. LET THEM BECOME THE TEACHER.

may have already gotten off to a bad start. Early on in the year pay a short visit to the school to let the teachers know that you're concerned and interested in your child's education, and that you'd like to be contacted directly if there are any concerns that the teacher may have with your child's progress. Teachers can do a lot of great things with your child if they know they have your support. When you take the initiative to contact the teachers, they know that they can count on you and your support with the work that is sent home.

Parent conferences are not enough, and usually during parent conferences the teacher has so many parents to speak with that they don't have the time to go into great depth about your child's academic needs.

A parent will come for a parent conference with me and ask, "When do you give my child homework?" I'll say, "I give homework three times per week." They'll leave it at that and just accept it. There are times when I don't give any homework, but they don't hold me accountable to that. They're like, "You're the teacher, whatever you say goes." They should hold me accountable, and put pressure on me. If I know that you're watching after your child, and if I neglect your child or if I don't do my job with your child you're going to hold me accountable, I'll be more likely to treat your child with respect, and make sure your child learns in my class. While the student who doesn't apply herself, or whose parents don't seem to care, chances are greater that she or he won't get the same attention, because teachers won't have to worry about accountability. I've had parents like that. They want to know, "How come you didn't give my child any vacation homework?" Then I have to justify myself. You also need to be that way with the counselors. "How come my child is still in ESL? It's been three or four years." "Why does my child have to go to the neighborhood high school?" "Why can't my kid, even though he's in ESL, take geometry or algebra?" Don't be afraid to question authority, and don't accept the generic answers that teachers, counselors or administrators give.

When you make an appointment outside of the school organized parent conferences, it will be a one-on-one session where you can get *all* of your questions answered, because the teacher or counselor will be able to give you more time.

Before I move on to my next point, let me address the issue of asking questions. One of the things that frustrates me as a teacher, and on this I know I'm not alone, is when a student doesn't understand what I'm teaching, but when I ask the class if anyone has questions, no one raises their hand to ask a question. I've come to realize that a lot of students don't ask questions in class because they do not see their parents (modeling) asking questions when it's your turn to question their teachers at conferences. You may feel intimidated because you may not have gone to college, or because the teacher does not speak Spanish and you don't feel comfortable speaking English, so you ask really basic questions to make it easier for everyone. It is the schools' responsibility to make sure that there is a translator there to help the teachers communicate with you. If the school does not provide a translator, perhaps another parent waiting to meet with the teacher, who speaks both languages, can help translate. The last resort is to have your child serve as the translator, *remember, you want to avoid communicating through your child whenever possible.*

Here's a partial list of questions you may use as a guide to ask on your next parent-teacher-conference to get more information about your child's academic progress and ways to potentially help your child improve. Before you go into the conference with the teachers read these questions, figure out which ones are the most important to you, and don't be afraid to ask them. Be certain before you ask the questions that you really are concerned and want to know the answer. If not, you'll approach teachers with questions like these, and they'll give you some answer that doesn't make much sense to you at all, and you'll accept it and move on.

Questions parents may ask teachers

• What kind of projects and assignments do you have planned for the year?

• How are your students graded?

- What can I do at home to help my child do better in your class?

- How often do you assign homework? Do you give vacation homework? (So you will know what to expect)

- Does the school offer summer school, intersession, tutoring, or other programs to help students who need it? (take full advantage of all of the school's programs)

- Are all students encouraged to take algebra by the end of eighth grade? (for math teachers or counselors)

- In your opinion is my child working to his/her potential?

- What supplies will my child need for this class?

- What will it take to get my child out of the ESL Program?

Here are two points on the last question. First, if your child is still taking ESL classes in high school they will not receive any college credit for them. Students need four years of English and none of the years spent in ESL will count to help meet that requirement. Secondly, if you put on the elementary school survey that your children speak Spanish at home they'll automatically be placed in ESL.

Questions like these are standard at some schools, and are hardly ever asked at others. For those Latino parents, and you know who you are, who have not asked these types of probing questions in the past, feel free to copy this list, or do some research of your own to come up with a list of questions that you can ask, preferably at a one-to-one parent-teacher conference. There is also an organization that trains parents in how to become more involved with your child's education that I strongly recommend called The Parenting Institute for Quality Education (PIQE) www.piqe.org. Check them out, get in touch with them and if possible take some of their classes. It will benefit you and your child.

I've had parents that came once a week to visit me, and when I saw that kind of determination in the parent I knew I could hold them accountable and they would respond. I would give the parent a copy of the Teacher's Edition of the math textbook so they could check their child's work at home. Lots of teachers would be willing to do extra things like that once we see the commitment from you. Teachers need to see that you mean business.

I know students that want to do well in math, or in other classes, and they'll be doing well until they hit a section of the class that they don't understand. Instead of raising their

hand and asking questions or getting the extra help they need,
they're more worried about being embarrassed in front of their
friends, so they don't ask any questions and start to fall behind.

Slowly they'll fall
so far behind they
become hopeless
and fail. If you
check in with your
child's teachers

YOU CAN'T EXPECT OR WAIT FOR THE TEACHER TO CONTACT YOU!...YOU MUST TAKE THE INITIATIVE. YOU MUST MAKE THE CALL. YOU MUST INITIATE THE CONTACT.

more regularly it would be easier to identify the point where
your child started experiencing the difficulty and get the extra
help and support necessary to keep that child on the successful
path. You can't expect or wait for the teacher to contact you!
It may be reasonable to expect that the teacher would call,
but you must remember, with the number of students that
teachers deal with daily, it becomes really easy to forget to
follow-up. The teacher's focus is most likely on calling the
parents of those students in the class that are disruptive and
misbehaving. You must take the initiative. You must make
the call. You must initiate the contact.

In addition, if a teacher knows that you will be constantly

asking questions about your child, the teacher will make sure to pay attention to your child. That way when you do ask questions the teacher will have an answer for you. If you ask a teacher a question about your child and the teacher doesn't know the answer to it they look like they don't know what they're doing, and no teacher wants to feel like that. If we feel your presence our attitude towards that student will change, and we'll make sure to pay more attention.

In my years of teaching I can recall one female student who didn't need her parents to hold me accountable, she held me accountable herself. As a teacher there would be times where I'd have a bad day teaching. At lunchtime I like to play basketball with other teachers and students, but I had her class for fourth period, right before lunch. She would refuse to leave my class during lunch, which prevented me from playing basketball until I explained the lesson to the point where she understood it. I totally respected that. A lot of teachers might not, but she held me accountable to my teaching. If I didn't teach a topic well I knew I wasn't going to be able to play basketball at lunch that day. She was going to keep me there. She just wouldn't leave her seat. I couldn't send her to the office for wanting to learn something. She held me accountable. She would tell me, "You didn't explain this well, so I didn't get it." Of course students have to be careful how they speak to their teachers, because some teachers would get offended, but most teachers would be willing to give more to those students that want more.

YOU MUST UNDERSTAND THAT YOU KNOW MORE ABOUT YOUR CHILD THAN ANY TEACHER... THE TEACHER SHOULD COMPLIMENT YOU. WE'RE EQUALS.

It's very hard for many of our kids to speak up in class, or go to the counselors and say, "Hey, this is what I want, what do I need to do to get there?" Or even if they'd get to the point where they just ask, "Why?" If the teacher says, "This is the law. This is true," ask them why. Get them to think. Why is it true, because my teacher said so? The book said so? How do I know the book or the teacher is right? They need to learn little by little how to question what they're being taught by at least asking why.

The way to start that process is to encourage students to participate in class, even if it's just to ask a question. I'm not suggesting that you teach them to question authority in a rebellious way, but to get used to the fact that they have to learn to communicate with their teachers. It can be as simple as, "Mr. Clark, I didn't hear what you said. Can you repeat that?" That's a little step. Teaching him or her to say, "Good morning," to teachers when they enter the classroom. I hate to say it, but teachers do have their favorites. Saying something as simple as, "Good Morning" every day gets to the teacher's heart and mind.

Parents also need to model the behavior you want to see from your children. If you as a parent don't speak up for your rights, why should your kids? Parents have to demonstrate what they want by giving the child an example, or by taking the first step by going to the teacher and start talking to the teacher. Tell your son or daughter, "Today, I want you to raise your hand and ask your teacher what homework is he or she going to give during the week?" When your child comes home ask them if they did it. Start building little by little. When you go to the parent conference talk to the teacher and ask your questions, and then have your child, right there in front of you ask the teacher some questions. Have your child speak up. If you demonstrate that you're not afraid of the teacher the child will gain confidence in speaking up also.

Parents and students should respect their teachers, but not to the point where you become intimidated. I want you to understand this. Just because a teacher went to college, and you may not have, does not mean that the teacher is smarter than you. It just means that he or she has the education that you didn't have the chance to get. That's all it means.

I think my father is a brilliant man, and he's not highly educated, and to be honest I think he's more intelligent than I am. Some of the things I see my parents do keeps me in shock. There have been many times where I actually feel inferior to my parents mentally. It's just that I had the opportunity of getting an education. Parents really need to understand that. You should not think of yourselves as ignorant. You may not know the details of the education system, but you know what your child goes through, you know what your child has to put up with every day, the teacher doesn't. Teachers don't know if there are any problems at the home, or what kind of school your child went to before and what kind of teachers your child has had in the past. We just know how your child is in our class for one hour a day. For the most part that's all we know about your child.

You must understand that you know more about your child than any teacher. What you don't know the teacher knows, and what the teacher doesn't know you know. The teacher should compliment you. We're equals. The knowledge we have is more academic, but the knowledge that you have comes from direct experience. Most teachers don't know what it's like to live in certain communities and deal with the issues their students deal with on a daily basis. Parents have as much or more power as teachers.

If you look at the successful schools in affluent communities, aside from having more experienced, more 'qualified' teachers, a big part of their success is attributable to parental involvement. In those districts teachers can't sit back on their credentials, because parents are constantly in their face asking questions about what, how, when, who and why. Those teachers are required to work that much harder and stay on top of their game. *THE PARENTS DEMAND IT*. At schools where parents do not place demands on teachers what you'll find, in general, are teachers that will not be on top of their game. They feel they can afford to be complacent and just follow the routine. They don't really have to worry about being accountable to the parents or community. For teachers in districts where parents are not as involved the pressure of accountability doesn't

IF THEIR EDUCATION IS A HIGH PRIORITY IN YOUR LIFE THEN IT WILL BE IMPORTANT TO THEM. IT'S CRITICAL TO ESTABLISH THAT AS EARLY AS YOU CAN...

come from the parents, it comes from the administration. So if teachers are going to be held accountable for their actions from the administration, most teachers will do what it takes to appeal to the administrators, because that's where the pressure is coming from.

What administrators are interested in may not be the same as what you, as a parent, are interested in. Administrators may want to be sure that teachers have the Math, English, Science, or History content standards hanging up on the board. So teachers will make sure to do that. Administrators may want to make sure teachers have an agenda on the board. So teachers will make sure to do that. Administrators, in general, are not looking out for the individual needs of your child; only you can do that. The goals of the administrators, teachers, and counselors may not, and usually are not, the same as your goals. If you want something done you're going to have to express it and be consistent about expressing it.

Finally, I suggest for those of you that don't work during the day, that you volunteer to work in the school. That's one of the things my mom did, and by doing that she was able to see for herself how the teachers taught, and how they treated the students. Because of that she was able to request specific teachers that she felt were better for my brother and I. When you volunteer at a school you will see how the school works, and the strengths and weaknesses of the school.

Myth #5

"There's no need to worry right now we have a lot of time."

If you think it's too early to begin thinking about college while your child is in middle school,

it's important to know that there are magnet

elementary and middle schools that begin preparing their

students from the beginning of the sixth grade for college.

Each year it's getting more difficult to attend college. The

population is growing and there's a lot more competition than

there was ten years ago because the quality of students are

getting better. At UCLA ten years ago the average GPA was

around 3.8, now it's a 4.25 with SAT scores close to 1350.

Occidental College was not as selective when I was there

ten years ago, but now it's become highly selective and very

77

competitive. I believe they now reject 60% of their applicants, while ten years ago they rejected only 40%.

As parents you need to make the goal of going to college a goal recognized by your child at an early age. Don't wait until high school, because usually by then it's a lot more difficult for them to make changes. It's a lot easier for people to change their habits when they're younger. If your child has been doing her homework with the TV on for ten years it's going to be very hard to all of a sudden change that. Whatever study habits or attitudes your child has developed they're easier to change at a younger age. By the time your child gets to high school, their friends usually have more of an influence, and your influence over your child is decreased.

If you want your child to go to the local community college then maybe I am starting too early for you, but if you and your child want to go to a competitive state university or a private institution, then starting in middle school, or even elementary school, is not too early. There are a lot of schools, especially the more affluent schools, that begin in middle school to prepare their students for college.

The middle school I attended took us on field trips

to visit different colleges. Most of the things I do now as a teacher and advisor for my schools' College/Career Club I borrow from the upbringing that I received as a child. What lots of kids that is that not ever many schools and challenge. grade students

IF YOU AND YOUR CHILD WANT TO GO TO A COMPETITIVE STATE UNIVERSITY OR A PRIVATE INSTITUTION THEN STARTING IN MIDDLE SCHOOL, OR EVEN ELEMENTARY SCHOOL, IS NOT TOO EARLY.

exposed to geometry until they reach high school. Those students start off already behind in middle school, so by the time they go into high school the remedial classes are hard for them. Many kids fail to realize what they're up against and who their competition is. They compare themselves to other kids in their school, and that's not the real world, that's not how most schools are. If kids in underperforming schools got a chance to see what other schools were like, if they were able to go to public schools in affluent communities and see how clean the schools look, see what programs the students are offered, and see how the students behave, then they could say, "There's an inequality here, things are not balanced, there's a disparity." And it's not the students fault; it's the system and the way things are set up. The students could then rise up to a higher level of expectations because they'll see what students their same age are doing in other parts of the city. The only problem is that in many schools the high expectations are not there. College is not an expectation for all students in many schools. It's believed to be reserved for "gifted" or "Academy" students, and that's not fair.

Most schools that are comprised of mostly minorities (Latino, Black, Native American), especially those located in major cities, have a number of problems. Among those cited in the "*Losing Our Future*" study were "lower levels of competition from peers, less qualified and experienced teachers, more student turnover during the year, emotional problems related to poverty and to living in ghetto or barrio conditions, and narrower and less advanced course selection." It's the final problem that I'd like to address briefly.

The state of California has one of the best public university systems in the country, with six of the top 50 schools in the country being part of the University of California system. These schools have released the minimum admission requirements for freshman admittance to their schools. They are called the "A-G Requirements, and here's what they're looking for.

A- History/Social Science: 2 years required

B- English: 4 years required (Not more than two semesters of ninth-grade English can be used to meet this requirement.)

D- Laboratory Science: 2 years required, 3 years recommended.

E- Language other than English: 2 years required, 3 years recommended

F- Visual and Performing Arts: 1 year required

G- College Prep Electives: 1 year required

C- Mathematics: 3 years required, 4 years recommended. (Three years of college preparatory mathematics that include the topics covered in elementary and advanced algebra and two- and three-dimensional geometry. Approved integrated math courses may be used to fulfill part or all of this requirement, *as may math courses taken in the seventh and eighth grades that the high school accepts as equivalent to its own math courses*."

Now, just to speak on the "c" requirement, if your child is at a school where a "narrower and less advanced course selection" is offered, your child will not have the option of taking advanced math courses in middle school that would be accepted by a high school. Again, that's why knowing what is expected by universities of their incoming freshman, and seeing to it that your child has a head start, or at least begins taking some of the required coursework in middle school if possible, will increase the students chances of being more competitive and ultimately get accepted into the university of their choice.

Myth #6

"Good grades are sufficient to attend any university."

Here I want to address two myths; one is that a student with all A's in high school will be able to attend any university, and secondly, that academics or grades are all that matters to get into college. The type of classes that your child takes is very important. Whenever possible they need to take AP (Advanced Placement) classes if they want to go to a competitive college. For example, getting a B in Calculus is worth a lot more than getting an A in Algebra, because of the fact that Calculus is a higher-level mathematics class. By taking college level classes and doing well in them, they're showing the university that they can handle college level work.

83

Here's an example of how important which classes they take in high school has become. To graduate from high school students are required to study math for three years. There are generally seven levels of math classes offered in high school, but high school only lasts for four years; Algebra (2 years), Geometry, Algebra II, Trigonometry, AP Calculus (AB), AP Calculus (BC), and AP Statistics. Assuming a student took math for all four years they would only take four out of the seven, and it's impossible to take the more advanced classes in math without either doing summer school or taking care of some of the requirements in middle school. Unfortunately, some middle schools don't offer geometry, so that year is lost. That year that could have been completed in middle school will have to be completed in high school. What a lot of kids end up doing, since math is only required for three years and math is not the favorite subject for many students, they usually only go up to Geometry or Algebra II.

In middle-school Algebra, a lot of students get an 'F' the first semester, get a 'C' the next semester and are still able to be a part of the graduation ceremony on stage, and a lot of them know that. They know how to manipulate the system, but by getting an 'F' in the first semester they have to repeat that same class in high school. In elementary school if they get an 'F' nothing happens. In middle school if they get an 'F' nothing happens, but when they get into high school

THE CLASSES STUDENTS TAKE IN MIDDLE-SCHOOL DOES AFFECT THE CLASSES THEY WILL BE ABLE TO TAKE IN HIGH SCHOOL.

they'll start paying the consequences for bad grades.

Foreign language is another example. A lot of middle schools offer a foreign language class, but many others do not. My brother learned another language at the middle school level. That's a requirement for college, two years of a foreign language. That's a requirement students could fulfill in middle school if language is offered, and use that free year in high school to take something at a higher level. While the college administrators won't see their academic records in middle school, the classes students take in middle-school does affect the classes they will be able to take in high school. Their accomplishments in middle school will determine whether they are required to take remedial classes or more advanced classes when they arrive in high school.

A lot of kids wait until it's too late. Everything has a consequence. They won't be able to take AP Spanish without first taking Spanish 1, 2 and 3. If they're lucky a teacher will let them skip one level of Spanish because they already speak it, but they're not going to let them jump straight to AP Spanish if they haven't taken Spanish 1, 2 and 3. So they'll be stuck going up to Spanish 2, while another student took their first year of Spanish in 8th grade, Spanish 2 in 9th, Spanish 3 in 10th, and gets up to AP Spanish before graduating high school. Clearly no competitive college would consider accepting someone who has only gone up to Geometry, especially if the student intends to major or study one of the sciences and become a doctor or engineer of some sort. Each subject has their own requirements, and if they want to take the higher-level classes they're going to have to either start in middle school or spend a lot of time in summer school.

One of the things colleges look at is how ambitious a student is. It's much easier for a student to take the mandatory three years of math and do well in them, but the person that begins in middle school taking higher level classes, or gives up time by going to summer school to take advanced level classes

is showing the college admission officers that they are serious

about their education and they are determined to succeed. The

admissions officers

pay attention to the

level of classes that

students take.

ALLOW YOUR CHILDREN TO PARTICIPATE IN THE SCHOOLS' EXTRACURRICULAR ACTIVITIES AFTER SCHOOL OR DURING THE VACATIONS.

Another thing

that colleges look

for, with admissions getting more competitive every year,

are extracurricular activities. My personal feeling is that

colleges are no longer looking for 'nerds'. They're looking

for intelligent leaders. How students spend their time outside

of the classroom demonstrates other important qualities

that grades alone don't, such as leadership, responsibility,

commitment and interpersonal skills. Students show their

intelligence through academics and test scores, but they show

their leadership skills through activities. There are definitely

examples of students that only focused on academics, achieved

very high grades and test scores and were accepted into the

best colleges. On the other hand there are examples of students that were not the top students academically, but because of extracurricular activities and skills (athletics, band/dance, leadership, community service) were accepted into top schools. For most students there needs to be a fair balance between the two.

Allow your children to participate in the schools extracurricular activities after school or during the vacations. Athletic teams usually have to stay after school for practice. ROTC usually has their program after school and during vacation. Tutorial classes and programs such as MESA (Mathematical Engineering Science Association), and other activities like these are what colleges are looking for. I know sometimes it's difficult for you to let go, but let your child do it. If you're concerned with your child not being responsible and hanging out with friends instead of where they're supposed to be, find out who is running the program and talk with that person directly. You can visit, and if you can't visit get the name of the Director and talk with him or her. Find out what days your child will be needed to participate in the program or activity, and what time the activity will be finished. Don't get that information from your child. Don't ask your child what days she has practice, because then you're empowering your child and they can say whatever they want. Attempt to get the number from the school yourself, or if necessary get the name of the Director and the phone number from your child and then talk to the person directly. The less information you get from your child the more reliable the information will be.

OUR COMMUNITIES ARE FILLED WITH ORGANIZATIONS THAT NEED HELP, WHICH PROVIDES OPPORTUNITIES FOR YOUR CHILD TO GET INVOLVED WITH THE COMMUNITY IN SOME MEANINGFUL WAY.

Colleges really look for a student to participate in extracurricular activities, especially since colleges are getting so competitive with their admission requirements. Saying, "My parents didn't let me play football after school," won't cut it as an excuse. Don't limit those opportunities for your child. And you never know, your child may be good enough to earn a scholarship for whatever activities they're doing.

During the yearly school vacations (summer, spring, winter) enroll your child into some kind of program. There are various programs which your child can participate in where they can either learn new skills, or do community based volunteer work. Keep in mind that computers are here to stay and proficiency is a necessary skill to survive and be competitive in modern society. Computer classes can be very helpful. There are colleges now where students turn in their assignments through the computer. Communication skills are also very important. The world is becoming more global and communication is key. Learning other languages and being able to effectively communicate with different people is also very important. Classes in these areas should all be considerations.

If you don't want your child to take academic classes or they don't want to, there's always community service. One recommendation is to go to a park, because most parks offer programs during vacation time, and your child can possibly work assisting the director with a program. They may also go to a hospital and talk to a director about becoming a volunteer there. Our communities are filled with organizations that need

help, which provides opportunities for your child to get involved with the community in some meaningful way.

An excellent website for parents and

students that I highly recommend is www.collegeboard.com. This site has tons of information on the entire college process, and they offer the following helpful tips for parents and students that I strongly agree with: "Colleges want students who can bring unique skills and interests to the student body. The emphasis should be on quality, not quantity, and depth, not breadth.

Here are some tips for your child on how to make the most of extracurricular activities:

* Make a commitment to a couple of activities that truly interest you, rather than dabbling in many.
* Make your academics a priority.
* Show leadership skills, for example, start a book group or public speaking club in your school.
* If sports interest you, find one that you truly enjoy and stick with it through your high school years.
* Show initiative by getting a job; consider a summer job for a great experience that won't interrupt your high school work.
* Encourage your child to explore just a couple of activities and to stick with them through high school.
* Pursue a service-based activity in an area that interests

or excites you — you'll demonstrate your commitment to the community and can explore careers that might suit you.

The last point I want to make is also an important one. Volunteer service is key, and most students don't do enough of it. It's a great way for your child to make themselves unique compared to other students. Most kids will go for sports and grades, and volunteering is one area that often gets neglected. If they want to stand out and they don't feel they have any unique talents, this may be one area that helps to separate them from the rest of the crowd.

Ten years ago if a child just received good grades they'd still have a good choice of any college that they wanted to go to. The focus of colleges has changed. Rather than looking for the most academic students, they're looking for students who are leaders. That doesn't mean you have to be the smartest or the most popular, but you have to demonstrate in some way that you can be an independent thinker, and that you can actually do things without someone telling you to do it. There's various ways you can demonstrate that;

through clubs, newspapers, academics, debate teams, sports. They show initiative and show that they have independent leadership potential. That's what colleges want. They want someone that will give recognition to the college. Nobel Prize Winners can give recognition to a school, but it can also come through sports, music, politics or whatever talent you have. Tiger Woods and Chelsea Clinton both went to Stanford and gave a lot of recognition to Stanford, even though they didn't need it. Their attendance had the name of Stanford in the mainstream. The people who can do that are the leaders, and that's what colleges are looking for — leaders.

Myth #7

"All universities are the same."

 ll colleges and universities are not the same! There's several reasons why. First, there's the physical makeup of the school. Some schools are huge, with 40,000 students; others are very small, with just a few thousand. UCLA is an example of a huge school, while Occidental (Occi), the college I attended, is an example of a small school. Both schools have their advantages and disadvantages. One of my classes at Occi had only five students. One day I didn't feel like going to class and the professor called me in my dorm room and asked me why I wasn't in class. At UCLA in one of my brother's classes he had four hundred students. If he missed a day of

class nobody knew. At Occidental I was able to establish a personal relationship with a lot of my professors, so when I needed a recommendation from one of them it was not a problem. At UCLA, my brother is there now; he's having a hard time finding a professor that he's really connected with to give him a recommendation. Most of the people he connected with were graduate students, not professors. Smaller class sizes is one advantage for smaller schools.

On the other hand a school like UCLA has a lot of great things. One of them is the opportunity to study abroad. When I attended Occi we could only go to Mexico, Spain or Russia to study. There were very few countries I could visit to study abroad. At UCLA you can go nearly anywhere in the world to study. Another advantage is research opportunities. I studied math and wanted to do math research or become a math intern during the summer. At Occi none of that was available. At UCLA there's tons of it. Every university has their own pros and cons.

There are colleges exclusively for women for those parents that are worried about your daughter being around a whole bunch of guys. There's the option of having your child go to a local school and come home during the weekends. There are colleges for minorities. Some are located in big cities, while others are out in the country. They all have a different emphasis, and different advantages and disadvantages. If religion is very important to your family there are universities that appeal to the different religions. If your child is timid and shy and has difficulty getting along with people, maybe a big university would not be the best place for them to go, perhaps a smaller one would be better.

Another way that schools are different is the reputation that they have for excellence in a particular field. Each university specializes in different aspects of education. Just like in your neighborhood, there's probably a middle-school that has a better reputation, or a high school that everyone tries to get their children into because it's regarded as 'better' compared to the other high school across town with the major problems. Colleges and universities also have reputations. The reputations for colleges and universities are important when applying to graduate schools for Masters and Doctorate degrees, and when applying for jobs at major corporations.

Each year popular magazines (*US News & World Report*,

Princeton Review) ranks the top colleges and universities in the country. They use a number of variables to decide which school is number one, but it's safe to say that someone who graduates from a school that is ranked in the top

SENDING A CHILD TO COLLEGE MUST BE LOOKED AT AS AN INVESTMENT, AND ONE OF THE BEST INVESTMENTS IN YOUR CHILD'S FUTURE THAT YOU WILL EVER BE ABLE TO MAKE.

ten in the country will have more opportunities than someone who graduates from a school that is not as highly ranked. Schools also are ranked by specialization. A school like the Massachusetts Institute of Technology (MIT) may not be ranked number one overall, but has the number one ranking for engineering schools. Other schools may be judged to have the best business or science ranking. Depending on the interest of your child the best school to attend may depend on the child's career interests. The higher rank the school has the more prestige comes with it. Oftentimes the graduates or alumni from a particular school, which is one of the areas used in the ranking system, are very prestigious and hold high positions in a particular industry or government. In researching schools to attend there are a variety of important aspects to look at to find the right fit.

I highly recommend visiting the US News website (www.usnews.com/usnews/edu/college/rankings/rankindex_ brief.php) where they have the rankings of the best colleges and universities in the country in a number of categories. As an example of what I was discussing earlier, when you visit their website you'll see the following information. Under National universities, they have mini lists of the top schools, the top public schools, the schools with the most international students, the schools with the lowest acceptance rate, the highest graduation rate, and the highest proportion of classes with less than 20 people. They also have a list of the Best Undergraduate Business and Engineering Programs overall, and then they include mini lists of business programs which specialize in different areas such as accounting, entrepreneurship, international business, finance, etc., and the same thing with engineering, listing specialities such as aerospace, civil, computer, etc. So as I was saying, there are so many different types of schools, that specialize in different areas, as a family you must be diligent in doing research on which university you believe would be the best fit for your child's interests, comfort, and ultimate success.

Myth #8

"Universities are too expensive for our family."

It is true that sending your child to college can cost a lot of money, and college costs are constantly rising. However, I'd like you to think about something for a minute. Think about how much money you've spent on food, clothing, toys, diapers, and other necessities for your child since your child was born. You've already sacrificed thousands of dollars to develop strong, healthy, successful children. How much of that money will you ever get back? NOTHING. That money was well spent, but it's gone and will never be seen again. *The costs of sending a child to college must be looked at as an investment, and one of the best investments in your child's future that you will ever*

be able to make. An education is something that can never be taken away, and if used properly can dramatically change your child's future earnings. Remember this statistic, according to the U.S. Census Bureau, people with a bachelor's degree (4 year degree) earn over 60 percent more on average than those with only a high school diploma! In the span of a 30 to 40 year career their degree can result in additional earnings of more than one-million-dollars ($1,000,000). The sacrifices you make for a college education in the short term are repaid many times over in the long term.

There are certain ethnic groups in America who are considered 'high achievers'. In other words for the percent of the population that they make up, they are overrepresented in the percentages attending college, graduate schools, and certain high paying professions. By looking at the way these groups view education, and stressing those benefits in Latino households, perhaps the percentages of Latino students enrolling and completing college will increase.

One such group that can be looked at in America are Jews. Historically, as a group, they've experienced discrimination and obstacles like other minority groups, but they send their children to college more than the average American family. In a book recently published, *"The Jewish Phenomenon"* the author Steven Silbiger states, "The question in a Jewish household is not whether you will go to college, but where you will go, and which profession you will pursue there. In the U.S., the progression of income moves in lock-step with education." In Latino households there has to be a similar

YOU HOPE AND DESIRE THAT YOUR CHILDREN WILL GO TO COLLEGE, BUT TREAT IT LIKE IT'S AN IMPOSSIBLE DREAM RATHER THAN AN EXPECTATION.

commitment by the family that going to college is not the question, but which college and what course of study are the only questions left to answer.

Research has shown that another group, Asian-Americans, achieve high academic success, and as a percentage of their population, go on to college at rates much higher than other racial groups. In a research study by sociologists Kimberly Goyette and Yu Xie entitled, *"Educational Expectations of Asian American Youths"* they've identified important factors that helps make my point about how education should be seen as an investment. "Asian parents often view education as the main vehicle for upward social mobility, such that academic success can even overcome some of the structural obstacles of being a marginalized minority in American society." Some of the findings were;

* All Asian groups have higher EDUCATIONAL EXPECTATIONS than did whites. For instance, 58.3% of white students expected to graduate from college, while all Asian groups reported higher percentages, ranging from 67.9% of Southeast Asians, to 84.8% for Japanese and Koreans, up to 95.7% of South Asian students who expected to graduate from college.

* Some groups (such as Chinese and Southeast Asians) have on average lower income levels than whites yet still outperform white students academically. Although Southeast Asians are poorer than whites, they still reported HIGHER EDUCATIONAL EXPECTATIONS than whites.

* The parents of all the Asian groups they measured have HIGHER EDUCATIONAL EXPECTATIONS for

their children than do white parents. At the highest end of the spectrum, South Asian parents on average expect their children to attain a professional or master's degree, with Chinese parents not far behind on that measure. The data shows that white parents, in contrast, expect their children to attend some college but not necessarily to finish with a four-year degree.

The important point here is that as parents if you hold high expectations for your child to go to and complete college, and don't discuss the 'barrier' of how much a college education costs, more of our students will have it in their minds at an early age that they're going to college, *no-matter-what*. You hope and desire that your children will go to college, but treat it like it's an impossible dream rather than an expectation. You hope but don't really think it's possible. You want the best for your kids, you want your kids to go to college and have a good life, and many of you recognize that an education is an important step to get there, but if an obstacle comes up you'll accept it, instead of fighting and going for it no matter what. The effect that has on your child is it becomes easier for them to quit or not give 100%. The attitude becomes, "We tried and it didn't work."

While money is an issue, I suggest that it should not be the number one issue for you. I know students that were accepted to both USC and UCLA and they used the rivalry between those two colleges to start a bidding war between them, where the schools had to compete to match each other's financial aid packages. It's like haggling for a car when you go to one dealer and say, "I can get the same car at the other dealer for $500 less." Colleges can be the same way if they really want your child. It is possible to negotiate your financial aid package with the university. If your child gets accepted to seven colleges and you want to make money an issue, then pick the one that gives you the best financial aid package, however it should not be an issue in preventing your child from going to college.

How Financial Aid Works

Every school of higher learning offers some type of financial aid for their students in order to provide 'equal access' regardless to a family's financial situation. Financial aid takes into account what your family can afford to pay against how much a college costs. Nearly 60% of the students currently enrolled in college receive some sort of financial aid to help pay college costs, and there's a record $105 billion in aid available to students and their families. The amount your family is able to contribute is frequently referred to as the Expected Family Contribution (EFC).

There are three main types of financial aid that a student can receive; grants/scholarships, loans, and college work-study. Many times financial aid packages are a combination of all three. Students are not obligated to accept the package and are free to accept part of the package (scholarship) or to decline another part (student loan).

Grants and Scholarships

Grants don't have to be repaid and you don't need to work to earn them. Grant aid comes from federal and state governments and from individual colleges. According to the College Board, "Almost half of all college students receive grant aid. In 2002-2003 grant aid averaged almost $2,000 per student in two-year public colleges, over $2,400 at public four-year colleges, and about $7,300 per student at private four-year colleges." Scholarships are usually awarded based on merit. Many Latino parents and students are not aware of the many scholarship opportunities offered through national Hispanic and other organizations. I have included in the Resource Directory in Appendix A a list of resources to help you get started to locate scholarship resources for Latino students.

Work-Study

Student employment and work-study aid helps students pay for education costs such as books, supplies, and personal expenses. Work-study is a federal program, which provides students with part-time employment, scheduled not to conflict with a student's schoolwork, but to help meet their financial needs and give them work experience. The AmeriCorps program rewards part-time community service work or full-time work after college with attractive educational benefits. Students in an AmeriCorps program get paid for performing various types of community service. At the end of a certain number of hours of service, student awards allow them to cover past, present or future college loans. There are no need-based qualifications to earn college funds through the AmeriCorps program, only a commitment to provide community service.

Loans

Most financial aid comes in the form of loans, aid that must be repaid. Last year loans accounted for nearly 70 percent of all federal financial assistance available to college students. Most are low-interest loans sponsored by the federal government and based on a student's financial need. The government subsidizes the loans so that no interest is added until the student begins repayment, usually beginning six months after the student leaves college or graduates.

There's nothing wrong with getting a loan. When I graduated from Occidental I owed $40,000. A lot of doctors when they graduate from all their years of education owe over $100,000. Although I owe $40,000 I have ten years to pay it off, and there is no interest on the loan because I work at an underperforming school. I still owe $25K but I'm making close to $80K a year. My monthly payments are $200 per month, which is not a big problem. The same thing with doctors, they usually owe $100K to $150K when they graduate, but they can make twice that much. Owing money is not necessarily a bad thing. It should be looked at as an investment. In the short term things are going to be tight, but in the

BE RESPONSIBLE AND HANDLE ANY REQUIREMENTS NECESSARY FOR YOU AND YOUR CHILD TO BE ABLE TO TAKE ADVANTAGE OF THE CURRENT OPPORTUNITIES.

long term your child will be making enough money to make up for the loan. An education will open the doors for them to get those higher paying jobs.

Eligibility Requirements

In order for your child to be eligible for the various types of federal and state financial aid that is available to help pay for college he or she is required to:

1. Be admitted or enrolled as at least a half-time student.
2. Be working towards a degree or certification.
3. Be a U.S. citizen or eligible non-citizen.
4. Maintain satisfactory academic progress.
5. Register for the Selective Service, if required.
6. Not have an outstanding federal educational loan that is in default.

It's very important to obtain the legal papers to become

a citizen. It's been very frustrating for me as a teacher to see some of my former students with the best academic potential be denied the opportunity to attend the university because the family did not handle the necessary paperwork to get the child's status changed. They wait until the last minute, and the child suffers by being denied financial aid, which greatly increases the cost of attending. I know this is a sensitive issue for many parents, so please seek legal help from the community based, legal support organizations that could help you with the process.Appendix II in the back of this book gives the contact for organizations like CARECEN (Central American Refugee Center), LULAC (League of United Latin American Citizens), MALDEF (Mexican American Legal Defense Fund), and many others that could either help you, or direct you to reliable organizations that could. Your child will receive more opportunities for financial aid if he's a citizen.

It's not impossible, and laws are changing, but if your child is not a citizen it will be harder for them. They're less likely to give scholarships or loans if you are not legal residents. If your child does not have the proper status they're considered a foreign student. The pool for foreign students is much more difficult than the pool for citizens. There are more spaces open for US citizens than there are for foreign students. The requirement to be a U.S. citizen or eligible non-citizen (see #3 below) is one that in recent years has come under intense scrutiny, and laws have been introduced to change this. In the State of California, AB 540 was passed into law and allows nonresident students who have attended high school in California to qualify for in-state tuition fees. AB 540 requires, "All students, regardless of immigration status, may qualify for in-state tuition at the University of California (UC), California State Universities (CSU), and community colleges, if they meet ALL of the following requirements:

1) Attend high school in California for three or more years.

2) Graduate from a California high school or pass the GED: and

3) File an affidavit with the college or university stating that they have applied for a lawful immigration status or will apply as soon as they are eligible to do so.

In fact, California and Texas were the two first states to

enact laws that allowed for in-state tuition for undocumented immigrants. Since then, New York, Utah, Washington, Oklahoma, Illinois and Kansas have joined them. There are a number of other states including Arizona,Colorado, Delaware, Florida, Georgia, Hawaii, Kansas, Massachusetts, Maryland,, Minnesota, New Jersey, Nebraska, New Mexico, North Carolina, Oregon, Rhode Island and Wisconsin have considered similar laws for their states. As one report issued by the Texas House Research Organization found; "Legislation allowing in-state tuition would make higher education more affordable and accessible for illegal immigrant students who meet the proper residency and academic requirements...Not helping students' attend college results in much greater costs to the state and contributes to an uneducated workforce."

Cost Difference

AB 540 in California reduces tuition at colleges and universities in California for immigrant students who were previously forced to pay out-of-state tuition regardless of their residency in California. The difference between in-state and out-of-state tuition is significant:

⇒ California Community Colleges:

$28/unit (in-state) / $242/unit (out-of-state)

⇒ California State University:

$2,916 (in-state) / $10,170 (out-of-state)

⇒ University of California:

$22,150 (in-state) / $39,970 (out-of-state)

AB 540 requires that state colleges and universities keep student information confidential. A student's immigration status cannot and will not be reported to the INS.

My recommendation is that all parents do more research on these issues, consult an immigration attorney, or contact some of the community based organizations (Appendix II in the back of the book) that can help answer your questions or refer you to an agency that specializes in these areas.

There's another act that has not yet passed but is being considered for legislation called The Development, Relief, and Education for Alien Minors Act, or DREAM Act introduced on July 31, 2003, which would make two major changes in current law:

  * Eliminate the federal requirement that discourages

states from providing in-state tuition without regard to immigration status; and

* Permit some immigrant students who have grown up in the U.S. to apply for legal status.

The legal and political landscape has been changing constantly with regard to immigrant rights to educational equity especially in California, Texas and other border states. In California we've had Prop 187 (which would have denied health care, education and welfare benefits to illegal immigrants), and Prop 227 (which would have abolished bilingual education). There are years where it seems that politics favor immigrants and there are other years where the politics are not as favorable. The laws are currently swinging to the benefit of Latino parents and students to help qualify for federal and state aid programs for children that have been in the U.S., attended school here for a number of years, and have earned seats in institutions of higher learning. Be responsible and handle any requirements necessary for you and your child to be able to take advantage of the current opportunities.

For the benefit of your child, don't wait until the last

minute. It takes time to process a students financial aid application. Experts recommend that students apply for financial aid at the college or university of their choice even before they actually know whether or not they have been accepted. There are several reasons for this, particularly the fact that many financial aid officers give away their grant monies on a first-come, first-served basis.

In figuring out the expenses of attending college for one academic year, the following costs are considered: tuition, special fees, books, room and board, travel home (2-3 trips/year), and an allowance for personal expenses.

Student Check List

The following outlines the major steps for students applying for financial aid:

- Request a financial aid application from each of the colleges or universities selected. Students should apply to more than one college, a 'dream' school, a school they feel they have a chance to get into, and a safe one. For many schools you can apply online.

- Complete the application as soon as possible. If a student is really sure about wanting to attend a specific college, Early Admission is a possibility and the requirements should be obtained from the school's Admission Office.

- Complete an FAFSA form in January of the senior year.

- Respond immediately to any letters or requests for further information from institutions. Students can accept or decline any part of the financial aid package they receive.

* * * * * * * * * * * * * * * *

Parents, you must constantly tell your children that you want the best for them. One time is not enough. The process of entering college is a long and uncertain road and it's important that you leave a reminder with your children that you care for them, love them, want the best for them, and want them to attend college because it will increase the opportunities they will have in life. The attitude and mentality of your child depends more on you than anybody else. If they see in you that you care about their future and their education they'll have that same attitude. If their education is a high priority in your life then it will be important to them. It's critical to establish that as early as you can, because as they get older there will be other influences in their lives; friends, neighbors, classmates, etc. Let your child know that you'll support them in their education.

Communication is very important. If a child doesn't feel safe that they can talk to you maximum progress won't be achieved. A child needs to feel safe that they can talk to you. By working together with your child you will accomplish a

117

lot more in helping them to reach his or her potential.

There are tremendous opportunities for Latinos in the United States today despite the legal challenges. By being bilingual, Latino students will have an advantage over most students that can only speak one language. It's important to learn English, but at home you should continue to speak to your child in Spanish.

Large corporations are beginning to become aware, or I should say have already recognized the rapid growth and buying power of the Latino population. The demands for Latino professionals in all areas including law, medicine, engineering, and education will continue to grow along with the population. Look at those opportunities and communicate to your children that part of the reason you want them to go to college is to take advantage of the opportunities that will be generated, and to be there to help the community.

Remember this comparison, if you buy a new car, it will take you from 3 to 5 years to pay for it, and by the time you finish paying for that car it will have lost a lot of its value and won't look as beautiful as when you first bought it. But when your child goes to college, and your child can go to college, you all will have to make sacrifices, your child will most likely have some debt to repay, but the difference between college and the new car is that at the end of their college careers your children will be better prepared to face the world, and the experience that goes along with it will have increased the value of the education, not decreased in value as in the case of the car.

Nationwide statistics point to alarmingly high school dropout rates for Latino students. There are obviously numerous reasons for the problem, and a number of possible solutions, however one of the most important, and in all honesty, the only one that you have complete control over is the level of involvement and support you provide for your children, their teachers, and the school throughout the educational process.

Parenting That Works

(We sat down with Lileana Elicegui, the mother of the author of this book, and a strong advocate for parental involvement in education to learn more about her approach to educating her children and the things that she experienced that helped make her successful. Present at the interview were two children, Ah'Keyah (11) and Aakeem (8) who also participated in the interview. At times you will see the answers directed to the young people asking the questions.)

Question: When you first put your child into school, what information did you have about the school system in the United States?

Response: To be honest with you, none. The only information that we had was that the public education here was not that good. That was the only information that we had. Basically, it was information that we heard from other people; people that we knew and from parents that complained about the education their children were receiving. In those times, the education in Nicaragua, the country where I come from, was very good. Today, the education there is not the same.

I went back there in the 1990's and I had the opportunity to observe what my nephews were doing in school. I observed the changes in education that had occurred. During my school years, the education in Nicaragua was more advanced and all encompassing. Today, that is no longer the case.

Question: So because of what you heard you decided not to send your children to public school?

Response: That was a decision that our family made from the very beginning. In part, it was because we wanted a better education for our children, but also because of our religious faith. To be honest with you, I know many children who have been in public schools and have received a good education and they are good kids. I truly feel that the public education system is not good based on what is constantly being said about how there are so many young people in college who can't even read, and the high numbers of students that never complete high school. This is not fair for these students because they are not prepared to compete with those students who have received the proper education. These students are placed in a situation for which they are not prepared to handle. In my opinion, it would be better if the student did not pass high school until s/he truly demonstrates mastery in reading and math. In this way, when students graduate from high school, they will truly be better prepared for being successful in college.

Question: Do you feel that your children were well prepared attending private schools?

Response: Yes, and I know this is true because I volunteered many times to work in the classroom and by doing so I had the opportunity to observe teachers and compare them.

Question: What made you want to help in the classroom?

Response: I needed to know what was happening inside of my child's classroom. I needed to know the quality of education that they were receiving. It was important to me that they saw me involved in what they were doing and learning. It is important that the children know that their education is important to their parents. I feel that this is paramount.

Question: It wasn't enough to say, "Go to school, education is important?"

Response: Absolutely not.

Question: Why not, if that is what a lot of parents do?

Response: I believe that most parents who do this do so because they feel that they cannot help their children. I am not saying that I have had the best education to help my children, but it was very important for them to know that they had to do the most that they were capable of doing and that I was there to try to help them reach their highest levels possible.

Question: Is that something that you learned from your family growing up?

Response: Yes, my mother was a single parent and she worked from home, but she did not have time to sit with us to study. When I was six years old, my mother would make me sit right next to her while she was working and she would ask me to read the newspaper to her, and thus by the age of six I was able to read. Everyday, she would tell me to read the newspaper to her with a loud and clear voice so that she would be able to hear me well. She would then ask me questions regarding what I just read. When I had to study for school, I had to learn the material by heart then go in front of the class and say everything, word by word, in front of everyone, and then explain what we had just learned. Every night my mother made me read to her and even though she did not check my homework she made sure that I did my homework because I always did it next to where she was sitting, doing her work. My mother did not have the time to sit down and explain the homework to me, but she made sure that I completed all of my homework.

Question: What could parents do to help their children do better in school if they are busy?

Response: When the child begins attending school and receives his/her first assignment, regardless of the age of the child, whether 4 or 5, after the child eats and changes clothes, s/he should sit down and start doing the homework from the very first day. It doesn't matter if it takes one or two hours, or if they need to take breaks once in a while, what is important is that they learn and establish the habit of doing their homework first, and that this habit should be a daily responsibility and priority. They should be made aware that there will be no free time until they have completed their responsibility of homework. If the parent does this from the beginning, from the first day they receive homework, and continue to do so everyday without exceptions or excuses, then the priority of doing homework will become a daily habit for the child. Later on, the child will not even think about it because s/he will be accustomed to it and it will become a routine easy for the child to follow. It becomes easier for both the student and their parents since the parent will not have to constantly nag the child, time and time again to do the homework, because the child will then have developed the habit of doing their homework without being told. This should also be done when there is homework given during the weekend; the homework should be worked on immediately so that they will have the rest of the weekend free.

Question: Why won't more parents that have the time to help their children do better in school help them?

Response: Sometimes parents feel that they cannot help their children because they feel that they do not know enough to help them. Perhaps they feel this way because they do not feel comfortable speaking the language, or if they do speak the language, but do not have the confidence that they have enough education to help their children with their academic work. Some may even feel embarrassed with their children about their own ignorance.

Question: So for someone like that what do you suggest they do?

Response: If they have time, the parents need to sit down with their child, especially in the beginning, and if they have something to do, then they should constantly be checking to see if their children are doing the homework. Continuously check on them because your children need to know that you are constantly aware of them and they should feel comfortable that if they need your help that they can call on you and that you will try to help them.

Question: What happens when the child calls the parent for help and she can't help?

Response: If you are lucky, maybe you have a friend who knows a bit more than you do, one that you can call and ask for help to solve the problem. If you don't have anyone that can help, then in the morning the parent should talk to the teacher and explain the situation, and maybe the teacher can help you so that you can help your child.

Question: Do you support the saying that, "It takes a village to raise a child?"

Response: In a better world, this would be wonderful, but in the world we live in today, we the parents fail our own children more and more each day. It seems like we are all living in a whirlwind and there are only a few who are willing to do something to help others. Nobody has time for anyone, and we live with a certain fear and distrust among each other. Generally speaking, one does not even know his/her own neighbors, so waiting for them to help is doubtful. Sometimes the parents are not willing to do everything within their power for their own children, so how can we expect that the 'village' will be able to help us, if this 'village' has grown so much and has changed its priorities?

Question: Education is important for a lot of Latino students and parents, but you mentioned that you think the priorities have changed. What do you mean by that? What are many parents looking at as being more important than education?

Response: Day by day life is getting much harder, so many parents need their children to help with the family by going to work, and many parents are anxious to see their child finish high school so that they can start to work. Sadly, today it can also be seen that not only does the typical father relinquish his responsibilities as a parent, but that many mothers also place their own needs over that of their children. I think that the priorities for a father or mother can change gradually, sometimes without them realizing that their priorities are not where they should be. For those who are most economically disadvantaged, it is because they have to work many long hours so that they can bring more money to the home. When the father comes home, he feels he has fulfilled all his obligations and that now he deserves the time to sit in front of the television, and he does not want to be bothered during this time. The mother also arrives tired from work but now she has to prepare the food, wash some clothes or do some other chores. As a result, many of the children in these types of homes are dealt with 'later,' and for the, 'later children' this later never arrives because when it does it is time to go to sleep. Many of these children do not receive the regular encouragement that their goal to better their lives should be through attending a university. For many of these parents they are very proud with the fact that their children obtain a high school diploma, which in their view is an accomplishment in itself.

The middle class routine is similar. Some middle class

parents surround themselves in the happenings of the home, but many other parents bring their work home with them, and do not have the necessary time to dedicate to their children. The mothers in these households share almost the same routine as those mothers that work in a factory. I may be mistaken here but it appears to me that many of the mothers in this group tend to work long hours looking for success or are already successful. Many of these mothers put as much time in their work as their husbands do, and they are also accustomed to bringing their work home. Today for many of these mothers work is a main priority. The parents work very hard to give their children the best possible life they can. This usually results in a "better life" through material means, but by giving them the better life materially, we end up giving our children a little less of ourselves.

Question: You talked about when your children were attending school you'd go and help in the classrooms. How did that take place?

Response: The school that my oldest son attended was small and parents were not allowed to work in the classroom but the school had a group of mothers that helped with different school activities. This group was known as "Room Mothers". I became involved with this group and we met to plan activities to fundraise money for the school, i.e. festivals, food sales, etc. We also accompanied the students as chaperones to the various field trips that were planned throughout the year. The school that my younger son attended is much larger in size. Thus they allowed some parents to act as teacher assistants in the classroom. As teacher assistants, we organized papers and performed other necessary functions for the teacher as well as provided supervision of the children during recess and lunch. I immediately became a teacher assistant at my younger son's school. When I took my son to school for the very first time he did not want to stay, so the teacher told me that if I wanted I could stay there and help her with the class. This gave me great comfort and resolved many issues for me. First, I no longer had the problem with my son not wanting to stay in school since he was content to know that I was always near. This allowed me to gradually make him independent so that when I pretended to ignore him he would not be constantly clinging on to me. Second, we lived quite a distance from the school, about 50 minutes away roundtrip, and the class only lasted for three hours. For me it was much more convenient to stay in the classroom and help than to go home and have to return one hour later. Also by getting involved with the "Room Mothers" I was fully aware of all the occurrences and happenings within the school.

Question: It sounds like as a family you made some sacrifices to make sure that your children would have a good education?

Response: Each parent makes and has to make sacrifices for their children. There are sacrifices parents make that do not feel like sacrifices since the love for your children is much stronger than the sacrifice itself. In our case, I had the fortune that for a while I was able to work at home and at the same time I was able to be with my sons. Later things changed, and I was not able to continue to work, and thus all the economic responsibilities fell on the shoulders of my husband. It was a very heavy burden for him in order for me to stay at home with our sons so that our children could receive the education we wanted for them. During the last 30 years he has had to work nonstop. Throughout these 30 years he has never taken a vacation, and only took time off for a total of 21 days. He did so because he felt obligated to do so (due to a union strike and a death in the family). Since then he has worked for 22 years continuously without even a week of vacation. Nevertheless, he always made time for his sons, whether it was by helping prepare their birthdays, or taking them and volunteering in the sports our children participated in, or taking them to the library, or any school function necessary. Now that our youngest son is about to graduate from UCLA, his father will be able to retire and take all the rest that he deserves. After staying at home for so many years, I am very grateful that I have had the opportunity to enjoy seeing my sons grow and develop into two mature young men that are now ready to do their part for a better world. However, I find myself asking the question, "Now what?" Not having worked outside my home for all these years has placed me in a very different world from when I last worked out of the home. Even though I am a woman of age, I still can work for a number of years. This is something I would like to do, although I recognize that I am fearful of this working world that I left so many years ago and that has changed so dramatically.

Question: If you hadn't heard the bad things about the schools in the U.S. would you still have gone to help out in the classroom?

Response: Yes, because I wanted our children to understand that their education was very important to us, and by them seeing me heavily involved in the school, I demonstrated to them how important their education was.

Question: Why do you think so many children are not finishing high school and going on to college?

Response: It appears to me that today's youth need to be pushed more in that direction from the very beginning, both at school and at home. They need to see a more positive structure in both places. However, the reality is that parents are terribly busy with their work, and the schools, no matter how good their intentions are, obviously are not getting the results they should be getting. One of the major reasons for this is the great lack of discipline that exists at home and at school. The worst thing about this is that the students with behavior problems rob time that the teachers should have to instruct the students who are disciplined and who have the desire to learn. If the laws were changed and the discipline could return to the schools, without going to the extremes of the past, this could bring about a complete turnaround for the benefit of our young students. Even the experts and those in power do not want to understand that it is time for a change. Otherwise, we will continue to see our children without reaching all their potential. Those in power need to realize that the lack of discipline is a terrible form of negligence. The saddest part of this is that although they are many who do realize this, they do nothing to change the situation, because that is not politically correct. In this manner, the sacrifice is at the expense of our children, and thus this change now depends on us, the parents, and not on them. These so-called "experts" and the current laws have robbed from the parents the power to raise their children as they see fit. The parents no longer know what their rights are as parents, and many of them are practically allowing their children to grow up on their own. Thus many of the youth are growing up with the perception and images they see in their friends or on television. We have brainwashed our youth about their rights to such an extent that they have become confused. They do not believe they can have boundaries, only rights. They do not feel they have responsibilities, only rights. They do not believe they have to respect others, but they do demand respect from everybody else. The experts failed by telling the parents what they cannot do, what they do not have the right to do, instead of telling parents what they should do to develop successful children. Many parents have been left without a clue of what to do, to the point that many parents have given up their own responsibilities as a parent, handing down that power to their own children to do what they please, because they, the parents, no longer know what they are permitted to do or not to do. To put it bluntly, the parents are afraid to be accused of abusing their children, and are also afraid that their children can think that they don't love them because the law says parents are bad when they spank their children. In a certain way, it is like the laws and the experts have destroyed something in the family structure to the point that some children view their parents as enemies when they are disciplined. It is truly unfortunate that so many parents feel that they have no power in the raising of their children. There are various reasons as to why so many young students do not finish high school and even less that attend a university: the great lack of discipline, the lack of better control in schools, the lack of a better structure, and the lack of a better focus on preparing our young students from the very beginning of their school years, the parents who, one way or another, relinquish their responsibilities that they owe their children, fathers who do not know how to guide their sons, the parents who are too busy and do not try harder to find the time to spend with their children, and many other reasons that we could name, up to parents who practically tell their children that attending a university is not for them or that it is a waste of time.

Question: Why do they do that?

Response: Many of these parents are very poor and without any education, and some of them feel that education is for other people in a better economic position in life, and there are some of them that are anxious for their children to start working as soon as possible so that they can help their family and they make sure their children know that.

Question: Where does that come from?

Response: Well for some of these parents if they were still living in their country, their children would begin to work at an early age to help out the family. The good thing is that every day more parents are beginning to realize, little by little, that the best thing for their children is to get an education.

Question: How are they becoming more aware?

Response: I think when they look at those young people

from their same economic situation that are studying in the universities and improving their lives. Also the influence of television is very important in that it tries to educate people of the importance of finishing high school, and even more with the importance of going to a university. But there is always those parents that do want their children to attend a university, but they feel powerless when their children refuse to continue with their studies.

Question: What do you say to those parents?

Response: I would tell them that as parents we have to find ways to convince our children that education will always be the best path for them to follow. We always told our children, from the very beginning of their childhood, that there are only three ways to succeed in life: two of which are honorable and the third dishonorable. The dishonorable way is considered by some to be the easiest way. We told our children that in reality this way of life is much harder, because he who lives their life that way has to do anything to get money by whatever dishonest means he chooses. Generally, they have to do it at night when others are resting, and in addition to that it can't be easy having to watch your back all the time in fear that law enforcement could be after you. Consequently, what is the point of choosing this lifestyle when just the fact of having to hide all the time from the law is a job in itself? If they desire to succeed in life honorably and in an easier fashion, the first thing that should be done is to study as much as possible in order to attend a university. With a college degree many doors of opportunity get opened, and even when you have to work hard, at least the person will be working in something they have chosen and in a much more comfortable environment. One of the great advantages of having an education is that one can choose the career or job that most conforms to them, and on top of that with a salary that is much higher than one without a college education. We also explained to our children that one can also succeed in life honorably without studying so hard in school. However, if they choose the easy way out by not studying, the result will be that they will end up working very hard for the rest of their lives. They may not be able to choose the job that they'd like to do because they will have to work at any job that they could find, and to gain more money they will need to work longer hours. I, as a mother, always gave my children the example of their father, who did not have an education but having the character of a hard worker has had to work very hard and for many long and difficult hours so that he could give us, his family, a comfortable life and a good education for our sons. All that was due to his great effort and sacrifices. For our sons it was easy for them to choose when we told them it was up to them to decide what to do with their lives since they had two choices. If they chose not to study, then at the age of 18 they would have to take charge of their lives by getting any job that they could find, and they would have to work hard like their father for the rest of their lives, or they could study and prepare for a better future and an easier life for themselves. You should point out to your children the example of other people, someone who has a good job due to his education and preferably someone that they admire. It should be explained to them that an adult life is long and that it will always be better to study harder in school than having to work so hard for the rest of their lives.

Question: How early did you start talking to them about

college?

Response: You should start to talk about college as early as possible. Perhaps, as soon as they began to comprehend and maybe even before that, so that they could begin to familiarize themselves with the word university. Without making it sound like an imposition for them, you should talk to them about college like it is something natural and not like an imposition, and not something that is doubtful, but like something that *will* happen.

Question: Is it true that a lot of parents don't like to get loans for college or look down upon getting loans and getting into debt?

Response: Perhaps the taking of this type of loan scares many parents since this is something new for them, and they don't know how this system works. You need to remember that you can always hear about someone complaining about the fact that it will take many years to pay off the thousands and thousands of dollars in loans that students end up owing.

What parents should know and remember is that in this life we are always financially in debt one way or another. The taking of a loan to go to college is like getting a loan for a house. When you get a loan for a house it takes many years to pay it off, but to own one's house is the dream of a majority of people, and many consider that to be an impossible dream. The taking of a loan to go to college is the same thing. Many dream of going to college but consider it impossible. What one should keep in mind is that the best loan that one should be willing to take should be the one to go to the university because there you will obtain the tools (your education) that will help you build a better future. The repayment of a college loan will not be any harder to pay than it is right now when you make credit card payments for things, that when you finally finishing paying them off no longer have the value they had when you bought them. On the other hand, when you finish paying off a college loan, you get to keep your education forever; an education that will allow you to better your lives in many different ways.

Question: Do you think whether or not the parents go to college has an effect on whether the child will go to college?

Response: I do believe that it does have some impact on the children when their parents have gone to college. The parents that are more educated have more knowledge in how to properly guide their children, and more or less they know what to do to ensure that their children get a good education. Many of these parents also aspire for their children to attend college, and their children, many times, have better opportunities and the inclination to reach for a better educational level. However, there are also many parents that, even though they might not have an education, they do dream and want a college education for their children.

Question: What are some things you would recommend for parents to do to help their child to prepare for college?

Response: I would recommend that parents start with themselves, to realize that they owe their children the best of themselves. The fact that the parents do not have an education should be used as an incentive to make sure that their children *do* get an education. Not having the economic means to pay for college should never be a reason for not getting an education. If they can't afford a loan, let their children get one. They should break down the barriers that ignorance sometimes plays on our decisions, and do not allow these barriers rob our children from aspiring and working hard to obtain a better life. Teach your children to dream, to aspire, and to work hard to accomplish their dreams. Understand, and make your children understand, that the best way to reach success is through education. From the beginning get involved in your child's school, if it's only for one hour a month. Be sure that the teachers know you and that they know that you want to be informed of any issue that concerns your child. Make sure that the teachers know that whatever problem occurs you demand to know about it immediately, and they should also know that you are willing and ready to work and support them in every possible way to help your children. If you do not have much of an education, get together with the teacher and explain your situation. Ask them for advice in how you can help your children become interested in their studies, and how you can help them at home, and continue asking them for advice and try to follow this advice. Respect the teachers of your children, and tell your children to respect their teachers as well. Allow you children to be children, but help them from the very beginning to develop the discipline that when they arrive at home, after eating, they should immediately begin doing their schoolwork. Without exceptions, unless family problems arise, the children should develop the habit of doing their homework as the first priority when they get home every day. That way they will grow up making this a daily habit for themselves, and you will not have to keep fighting with them every day about it, nor will they have to suffer while doing their homework. When they are doing their homework, you should be checking up on them to see what they are doing. Once they are done with their homework, allow them to play for a while. Keep an eye on them and do not allow them to go such a distance away from you that you are not aware of where they are or what they are doing. Know and become familiar with their friends, since these friends will have a lot of influence in their lives. At school, find ways that your children can get involved in extracurricular activities, sports, art, or whatever other activity they are interested in. Encourage them to excel in their classes, and for them not to take the easy way out. The more advanced the class is that they take, the better prepared they will be to apply to a university. Talk to the teachers and counselors so that they can guide you in devising a plan that will get your child ready. If the counselor cannot help you, search for help outside of school, as you can always find organizations or other people who could give you free information on what you need to do. Try to develop in your child the self-esteem to be proud of who they are and what they are capable of doing in life. Tell them that it is a lie that only other people can go to college. It is not only the elite that can obtain much in life, but that they too can achieve whatever they resolve to do in life. Show your children by your actions that they too should view education as a means towards freedom. Education is the key that opens the lock that has kept our people on the bottom of the pile.

Question: What should parents do to keep their child motivated to go to college in face of the peer pressure their children may face?

Response: It is very difficult for today's youth, because they face a lot of negative pressure every day, so now parents, more than ever, must try to know and become familiar with the friends of their children. If they begin to do this from the very moment they are very young, then maybe you can get to know the parents of these friends and in that way establish a relationship with them, and in this way you will know the background of these children and their habits and tendencies. Hopefully, you will find that you have a lot in common with them, and hopefully share the same moral values. Teach your children from an early age how to choose their friends wisely. Teach them that they should respect themselves and should pick friends with whom there is mutual respect.

In this way, the adolescents will avoid the peer pressure that friends sometimes place on one another. When the adolescent has a friendship that tries to separate him/her from accomplishing his/her goals, try to be honest with yourselves, and think carefully if this friendship can last for the rest of your life and if it is worth the price of sacrificing your entire future to maintain such a friendship. Think about the fact that if this friend is a negative person, who does not believe in the importance of getting an education or going to college, then this is not the person who can help direct you toward the right path. Even though you may have a great regard for him or her, and you want to help this friend, remember that you are too young to take on such a responsibility, and you should accept the fact that your future is too important to throw away. When a child begins to do things under the pressure of their friends, s/he is allowing their friends to manipulate them, and are giving those friends the power over him/herself. The child becomes a follower when s/he could easily be a leader.

Question: How important is the role of the parent in getting more Latino children to actually go to college?

Response: I believe that the parent's role is the most important in making sure that more and more young Latinos attend a university or college. The parents are the ones that are there from the very beginning of their children's lives. Thus it is the parents, whom from a very early age, ought to make the effort to plant the seed of curiosity, the interest in learning, and the desire to aspire to reach great things in life in their

149

children. It is we, the parents, that need to find the necessary ways to constantly motivate our children so that they can excel. Obviously, the educational system is also vital so that our children can excel in their educational endeavors and reach their goals.

Question: How can parents handle situations with teachers that are negative towards children?

Response: Before anything, it is important that from the very beginning to teach your children that they should always be respectful towards the teacher. Also, it is very important that there be mutual respect between the teachers and parents. When problems arise, the first thing to do is try to prevent those problems from becoming more complicated. Make a strong effort to assure that your children talk to you everyday about how things are for them at school. They should know that if or when they get involved with any problems at school, they can come to you to discuss it, and that together you both would try to resolve the situation. Talk with the teachers, and if your children have acted wrong they should apologize for it. If it is the teacher that has a negative attitude, you should talk with them privately and make them see that you are willing to do whatever it takes to find a solution to resolve the situation, and that you hope that they are willing to do the same thing. Talk to them and establish a relationship from the very beginning, as soon as the school year starts. Tell them that you wish to be constantly informed of anything that involves your children and that you support them, the teachers, as well as your own children. Let them know that you are willing to do whatever is necessary to help your children in their learning. Make sure that when the teachers see you, they know who you are. You can help your child to have the respect of their teachers, by teaching your children to be respectful and making sure the teachers know how important your children are to you.

Appendix I

Scholarship Resources

3M Engineering Awards
National Action Council for Minorities in Engineering
350 5th Avenue, Suite 2212
New York, NY 10118-2299
Tel: (212) 279-2626
Purpose: Financial assistance to minority high school seniors
who are planning to pursue a career in engineering.

A

AIA/AAF Minority/Disavantaged Scholarship Program
American Institute of Architects
1735 New York Avenue, N.W. Washington, DC 20006
Tel: (202)626-7565
Purpose: Financial assistance to high school and college students
from minority and/or disadvantaged backgrounds who would
not otherwise have the opportunity to be enrolled in professional
architectural studies.

Alice Newell Joslyn Medical Fund
BECA Foundation
830 East Grand Avenue, Suite B
Escondido CA 92025
Tel: (760) 741-8246
Purpose: Financial assistance to Latino students in southern
California who are interested in preparing for a career in the
health field.

American Institute of Chemical Engineers
Minority Scholarship Awards
3 Park Ave.
New York, NY 10016
Tel: (212) 591-7478
Purpose: Financial assistance to high school graduates interested in studying science or engineering.

American Physical Society
Attn: Minorities Scholarship Program
One Physics Ellipse
College Park, MD 20740-3844
Tel: (301) 209-3200
Purpose: Financial assistance to underrepresented minority students interested in studying physics at the undergraduate level.

Amigos Scholarship Foundation Inc.
c/o Partners for Community Development
901 Superior Avenue
Sheboygan, WI 53081
Tel: (414) 459-2780
Purpose: Financial assistance to Hispanic American residents of Sheboygan County, Wisconsin planning to enter college or continue with equivalent education goals.

Amoco Community Dealers Scholarship
Aspira of New York, Inc.
470 Seventh Avenue, Third Floor
New York, NY 10018
Tel: (212) 564-6880
Purpose: Assistance to Puerto Rican high school students in New York City Area.

Asociación Boricua de Dallas, Inc.
Scholarship Fund Scholarship Committee
P. O. Box 740784
Dallas, TX 75374-0784
Purpose: Financial assistance to deserving Hispanic high school seniors that reside in the Dallas-Fort Worth metropolitan area.

Aztec Academic Awards
Spanish Speaking Citizens Foundation
1470 Fruitvale Avenue
Oakland, CA 94601
Tel: (510) 261-7839
Purpose: Assistance to Hispanic seniors in northern California who are interested in going to college.

B

Bayer ACS Scholars Program
American Chemical Society
1155 16th Street, N.W.
Washington, DC 20036
Tel: (202) 872-6250
Purpose: Financial assistance for minority students who have a strong interest in chemistry and a desire to pursue a career in a chemically-related science.

Beca Foundation General Scholarship
830 East Grand Avenue, Suite B
Escondido CA 92025
Tel: (760)741-8246
Purpose: Financial assistance for postsecondary education to Latino students residing in selected areas of southern California.

Becas Ecked
Hispanic Scholarship Fund
One Sansome Street, Suite 1000
San Francisco, CA 94104
Tel: (415) 445-9936
Purpose: Financial assistance to Hispanic American high school
seniors in selected cities who are interested in attending college.

Bill Coggins Community Leadership Award
Watts Counseling and Learning Center
1465 East 103rd Street Los Angeles, CA 90002
Tel: (323) 564-7911
Purpose: Financial assistance for college to Los Angeles County
residents who have demostrated a commitment to voluntary
community service in underserved communities.

Booker T. Washington Scholarships
National FFA Organization
6060 FFA Drive P.O. Box 68960
Indianapolis, IN 46268-0960
Tel: (317) 802-4321
Purpose: Financial assistance to minority FFA members who are
interested in studying agriculture in college.

C

C.S. Kilner Leadership Award
A Better Chance, Inc.
419 Boylston Street Boston, MA 02116-3382
Tel: (617) 421-0950
Purpose: To recognize and reward outstanding minority high
school students.

Calahe General Scholarship
Connecticut Association of Latin Americans in Higher Education, Inc.
P.O. Box 382 Milford, CT 06460-0382
Tel: (203)789-7011
Purpose: Financial assistance to Latino high school seniors and college students in Connecticut.

California Chicano News Media Association
Joel Garcia Memorial Scholarship
3800 South Figueroa St.
Los Angeles, CA 90037
Tel: (213) 740-5263
Purpose: Financial assistance to qualified Latino students who are planning to pursue a career in journalism.

Cesar Chavez Awards
Spanish Speaking Citizens Foundation
1470 Fruitvale Avenue
Oakland, CA 94601
Tel: (510) 261-7839
Purpose: Financial assistance to Hispanic students in northern California who are interested in attending a public college or university in the state.

Charles E. Price Scholarship Award
National Technical Association
5810 Kingstown Center
Alexandria, VA 22315-5711
Tel: (757) 827-9280
Purpose: Financial assistance to minority students interested in electrical or mechanical engineering.

Charleston Gazette Minority Scholarships

Attn: Managing Editor
1001 Virginia street, east
Charleston, WV 25301
Tel: (304) 348-5100
Purpose: Financial assistance for college to minority high school seniors from southern and central West Virginia.

Charlotte Observer Minority Scholarships

600 South Tryon Street
P.O. Box 30308
Charlotte, NC 28230-3038
Tel: (704) 358-5715
Purpose: Financial assistance to minority high school seniors in North Carolina who are interested in pursuing a career in the newspaper field.

Chevrolet Excellence In Education Award

Attn: GM Scholarship Administration Center
702 West Fifth Avenue
Naperville, IL 60563-2948
Tel: (888) 377-5233
Purpose: Financial assistance for college to Hispanic American high school seniors.

Chevrolet Excellence in Education Scholarship

P. O. Box 80487
Rochester, MI 48308
Purpose: Financial assistance to high school graduates based on academic success, work experience, extracurricular activities, and community service.

Chevy Prizm Scholarship In Design
MANA, A National Latina Organization
1725 K Street, N.W., Suite 501
Washington, DC 20006
Tel: (202) 833-0060
Purpose: Financial assistance to Latinos who are interested in undergraduate or graduate education in design.

Chevy Prizm Scholarship In Engineering
MANA, A National Latina Organization
1725 K Street, N.W., Suite 501
Washington, DC 20006
Tel: (202) 833-0060
Purpose: Financial assistance to Latinos who are interested in undergraduate or graduate education in engineering.

Chicago Sun-Times Minority Scholarship and Intership Program
401 North Wabash Avenue
Chicago, IL 60611
Tel: (312) 321-3000
Purpose: Financial assistance and work experience to minority college students in the Chicago area who are interested in preparing for a career in print journalism.

Chicana/Latina Foundation Scholarship Competition
P.O. Box 1941
El Cerito, CA 94530-4941
Tel: (510) 526-5861
Purpose: Financial assistance for postsecondary education to Latina women in the San Francisco Bay area.

Club Estrella Scholarship

P.O. Box 217
Mountain View, CA 94042
Purpose: Financial assistance for college to Latino students in Santa Clara County, California who are graduating from high school or community college.

Coca-Cola Scholars

P.O. Box 442
Atlanta, GA 30301
Tel: (404) 733-5420
Purpose: Financial assistance for high school students that maintain a minimum GPA of 3.0 at the end of their junior year in high school.

Coleman A. Young Scholars Program

243 West Congress Street
Detroit, MI 48226
Tel: (313) 963-3030
Purpose: Financial assistance for college for disadvantaged high school seniors in Detroit.

Colgate "Bright Smiles, Bright Futures" Minority Scholarships

Attn: Institute for Oral Health
444 North Michigan Avenue, Suite 3400
Chicago, IL 60611
Tel: (312) 440-8944
Purpose: Financial assistance to minority students enrolled in associated programs in dental hygiene.

Colorado Society of CPA's Scholarship for High School Students

Colorado Society of Certified Public Accountants
Attn: Educational Foundation

7979 East Tufts Avenue, Suite 500
Denver, CO 80237-2843
Tel: (303) 741-8613
Purpose: Financial assistance to minority high school seniors in
Colorado who plan to study accounting in college.

Community College Transfer Program
Hispanic Scholarship Fund
One Sansome Street, Suite 1000
San Francisco, CA 94104
(415) 445-9930
Purpose: Financial assistance to Hispanic American students who
are attending a community college and interested in transferring
to a 4-year institution.

Congressional Hispanic Caucus Institute (CHCI)
504 C Street N.E.
Washington, D.C. 20002
Tel: (202) 543-1771
Purpose: Financial assistance to students that demonstrate
leadership qualities and plan to enter college.

Connecticut Association of Latin Americans in Higher Education, Inc. (CALAHE)
P.O. Box 382
Milford, CT 06460-0382
Purpose: Financial assistance to high school seniors or GED
equivalent and undergraduate college students.

Connecticut Education Foundation Minority Scholarship Fund
21 Oak Street, Suite 500
Hartford, CT 06106-8001
Tel: (860) 525-5641
Purpose: Financial assistance to minorities in Connecticut who
are interested in preparing for a teaching career.

Cox Minority Journalism Scholarship Program
Cox Newspapers, Inc.
Attn: Scholarship Administrator
P.O. Box 105720
Atlanta, GA 30348
Tel: (404) 843-5000
Purpose: To provide work experience and financial assistance to minority high school graduates in areas served by Cox Enterprises newspapers.

Crazyloco Scholarship Program
P.O. Box 302
Woodbury, NY 11797
Tel: (516) 692-0420
Purpose: Financial assistance to graduating seniors based on academic achievement, need, and personal qualities.

Cristina Saralegui Scholarship Program
National Association of Hispanic Journalists
Attn: Scholarship
National Press Building
529 14th street, N.W., Suite 1193
Washington, DC 20045-2100
Tel: (202) 662-7143
Purpose: Financial assistance and work experience to Hispanic American undergraduate students interested in preparing for careers in the media.

Crystal Charitable Fund
Oak Park-River Forest Community Foundation
1042 Pleasant street
Oak Park, IL 60302
Tel: (708) 209-1560
Purpose: Financial assistance to children and young adults in the metropolitan Chicago area from impoverished families.

CTA Human Rights Scholarship

California Teachers Association
Santa Clara County Service Center Council
34 South Second Street, Suite 206
Campbell, CA 95008
Purpose: Financial assistance to minorities in Santa Clara County (California) who are interested in preparing to enter the teaching profession.

Cuban American Scholarship Program

P.O. Box 6422
Santa Ana, CA 92706
Tel: (714) 835-7676
Purpose: To provide financial assistance for postsecondary education for Cuban American students in California.

Cuban American Scholarship Fund

P.O. Box 6422
Santa Ana, CA 92706
Tel: (714) 835-7676
Purpose: Financial assistance to high school seniors of Cuban descent with a minimum GPA of 3.0 planning to attend college in California.

Cuban-American Teachers Association Scholarships

12037 Peoria street
Sun Valley, CA 91352
Tel: (818) 768-2669
Purpose: Financial assistance to high school seniors of Cuban heritage in southern California who are interested in attending college.

D

Daisy and L.C. Bates Minority Scholarship Program
Southwestern Bell Foundation
P.O. Box 165316
Little Rock, AR 72216
Purpose: Financial assistance for college to minority high school seniors in Arkansas.

Daniel Gutierrez Memorial General Scholarship
BECA Foundation
830 East Grand Avenue, Suite B
Escondido CA 92025
Tel: (760) 741-8246
Purpose: Financial assistance to Latino high school students from the San Diego area who plan to attend college.

Defense Intelligence Agency
Attn: DAH-2
200 MacDill Boulevard
Washington, DC 20340-5100
Purpose: Full tuition to high school seniors interested in majoring in computer science, geography, foreign area studies, international relations, or political science.

Domingo Garcia Community Award
Spanish Speaking Citizens Foundation
Attn: Youth and Family Services
1470 Fruitvale Avenue
Oakland, CA 94601
Tel: (510) 261-7839
Purpose: Financial assistance to Hispanic students in Northern California who are interested in going to college.

**Dr. Juan Andrade Jr. Scholarship
for Young Hispanic Leaders**
431 South Dearborn Street, Suite 1203
Chicago, IL 60605
Tel: (312) 427-8683
Purpose: Financial assistance to high school students who plan to attend college.

E

The East Bay College Fund
63 Lincoln Ave.
Piedmont, CA 94611
Tel: (510) 658-7877
Purpose: Financial assistance to East Bay (east of San Francisco Bay Area) public high school students.

Edison International Scholarships
P.O. Box 800
Rosemead, CA 91770
Tel: (213) 553-9380
Purpose: Financial assistance to high school seniors admitted to college and are the first in their family to attend college.

Ellen Masin Prisna Scholarship
National Press Club
529 14th Street, N.W. Washington, DC 20045
Tel: (202) 662-7500
Purpose: Financial assistance to minority high school seniors interested in preparing for a career in journalism in college.

Engineering Vanguard Program Scholarships
National Action Council for Minorities in Engineering
350 Fifth Avenue, Suite 2212
New York, NY 10118-2299
Tel: (212) 279-2626

Purpose: To provide financial and other assistance to students from inner city high schools who are interested in studing engineering at the university level.

Esperanza Scholarship Fund
4115 Bridge Avenue
Cleveland, OH 44113
Tel: (216) 651-7178
Purpose: Financial assistance to students who reside in select Northeast Ohio counties.

F

Fight for Your Rights Leadership Foundation
648 Broadway, Suite 301
New York, NY 10012
Purpose: Financial assistance to student leaders who are at least full time seniors in high school with a focus on work in the area of social justice and anti-discrimination.

Fort Wayne News-Sentinel Minority Scholarship
600 West Main Street
P.O. Box 102
Fort Wayne, IN 46801
Tel: (219) 461-8417
Purpose: Financial assistance to minority high school seniors in the circulation area of the Fort Wayne News-Sentinel who are

interested in journalism as a career.

G

Gates Millenium Scholars
P.O. Box 10500
Fairfax, VA 22031
Tel: (877) 690-4677
Purpose: Financial assistance to help students attend institutions of higher learning of their choice.

H

Hispanic College Fund (HCF)
One Thomas Circle, NW, Suite 375
Washington, D.C. 20005
Tel: (800) 644-4223
Purpose: Financial assistance to students who have been
accepted or are enrolled as a undergraduate student in college.

Hispanic Designers Model Search
JC Penney Company, Inc.
6501 Legacy Drive
Plano, TX 75024
Tel: (972) 431-4655
Purpose: To recognize and reward outstanding Hispanic models.

Hispanic Heritage Awards Foundation
2600 Virginia Ave NW
Suite 406
Washington, DC 20037
Tel: (202) 861-9797
Purpose: Financial assistance to Hispanic high school seniors in
twelve major metropolitan areas: Chicago, Dallas, Houston, Los
Angeles, Miami, New York, Philadelphia, Phoenix, San Antonio,
San Diego, the San Francisco Bay Area, and greater Washington,
D.C.

Hispanic Outlook Scholarship Fund
210 Route 4 East, Suite 310
P.O. Box 68
Paramus, NJ 07652-0068
Tel: (201) 587-8800
Purpose: Financial assistance for college to high school seniors
of Hispanic descent.

Hispanic Scholarship Council Scholarship
Hispanic Scholarship Council
285 International Parkway
Lake Mary, FL 32746
Tel: (407) 771-8163
Purpose: Financial assistance for college to Hispanic students graduating from high school in central Florida.

Hope Scholarship Fund
Hispanic Office of Planning and Evaluation
165 Brookside Ave. Extension
Jamaica Plain, MA 02130-2624
Tel: (617) 524-8888
Purpose: Financial assistance to Latinos who will be attending college in Massachusetts.

HP DEI Scholarship/Internship Program
Hewlett-Packard Company
3000 Hanover St.
Palo Alto, CA 94304-1185
Tel: (650) 857-3495
Purpose: Financial assistance and work experience to underrepresented minority high school seniors from designated communities who are interested in studying engineering or computer science in college.

I

Ian M. Rolland Scholarship
Lincoln Financial Group
1700 Magnavox Way, 1W11
Fort Wayne, IN 46804
Tel: (219) 455-2390
Purpose: Financial assistance to minority high school seniors

who are interested in pursuing a career as an actuary.

"I Have A Dream" (IHAD)
Foundation Scholarships
330 Seventh Ave.
New York, NY 10001
Tel: (212) 293-5480

Purpose: Financial assistance to students from low-income areas.

Independent Colleges of Southern California Scholarship Program
555 South Flower St., Suite 610
Los Angeles, CA 90071-2300
Tel: (213) 553-9380
Purpose: Financial assistance to minority students who plan to attend an independent 4-year college in southern California.

Indiana Professional Chapter of SPJ Diversity in Journalism Scholarship
Society of Professional Journalists-Indiana Chapter
Indiana University School Of Journalism
902 West New York St., ES4104
Indianapolis, IN 46202-5154
Tel: (317) 274-2776
Purpose: Financial assistance to minority students in Indiana who are preparing for a career in journalism.

INROADS
720 Olive Way, Suite 524
Seattle, WA 98101
Tel: (800) 651-6411
Purpose: Financial assistance in the form of scholarships and paid internships to high school seniors.

J

Jackie Robinson Scholarship
3 West 35th St., 11th floor
New York, NY 10001-2204
Tel: (212) 290-8600
Purpose: Financial assistance to minority high school seniors
interested in pursuing postsecondary education.

Jewel Osco Scholarships
Chicago Urban League
4510 South Michigan Avenue
Chicago, IL 60653-3898
Tel: (773) 451-3565
Purpose: Financial assistance for college to Illinois residents of
color who are also interested in gaining work experience with
Jewel Osco.

Joanne Katherine Johnson Award for
Unusual Achievement in Mathematics or Science
A Better Chance, Inc.
419 Boylston Street
Boston, MA 02116-3382
Tel: (617) 421-0950
Purpose: Financial assistance to minority high school students
who have excelled in mathematics or science.

Joel Atlas Skirble Scholarship
Equipo Atlas Foundation, Inc.
6316 Castle Piece, Suite 300
Falls Church, VA 22044
Tel: (703) 237-8486
Purpose: Financial assistance for college to Hispanic immigrants
in the Washington, D.C. area.

L

Lagrant Foundation
555 S. Flower Street
Suite 700
Los Angeles, CA 90071-2300
Tel: (323) 469-8680
Purpose: Financial assistance for high school seniors and undergraduates who are public relations, marketing, or advertising majors.

Latin American Educational Foundation
Scholarship Selection Committee
924 West Seventh Avenue
Denver, CO 80204
Tel: (303) 446-0541
Purpose: Financial assistance to qualified Colorado students who have demonstrated a commitment to the Hispanic community.

Latin Girl
33-41 Newark Street, #1
Hoboken, NJ 07030
Tel: (201) 876-9600
Purpose: Financial assistance to Latinas entering college.

Los Angeles Philharmonic Fellowships for Excellence in Diversity
135 North Grand Avenue
Los Angeles, CA 90012-3042
Tel: (213) 972-0705
Purpose: Financial assistance to talented minority instrumentalists in the southern California area.

League of United Latin American Citizens (LULAC)
National Scholarship Fund
2000 L Street NW, Suite 610
Washington, DC 20036
Tel: (202) 833-6130
Purpose: Financial assistance for high school seniors of Hispanic descent based on financial need, community involvement, and academic performance.

Lowrider Magazine
P.O. Box 6930
Fullerton, CA 92834
Tel: (714) 213-1000
Purpose: Financial assistance to students with a minimum GPA and an essay.

M

Maxwell House Coffee Minority Scholarship
250 North Street
White Plains, NY 10625
Tel: (914) 335-2500
Purpose: Financial assistance to minority students from select cities.

MALDEF
Ellen and Federico Jimenez Scholarship
634 South Spring Street, 11th floor
Los Angeles, CA 90014
Tel: (213) 629-2512
Purpose: Financial assistance for immigrant Latino students that do not have the economic resources.

Meritus College Fund
41 Sutter St., PMB 1245
San Francisco, CA 94104

Tel: (415) 820-3993
Purpose: Financial assistance to San Francisco public high school graduating seniors.

Mexican American Cultural Association Scholarships

P.O. Box 614
Concord, CA 94522
Tel: (650) 687-6222
Purpose: Financial assistance to students of Mexican descent who reside in Pittsburgh.

Michigan Educational Opportunity Fund

P.O. Box 19152
Lansing, MI 48901
Tel: (517) 482-9699
Purpose: Financial assistance to high school seniors who are Michigan residents interested in studying science or engineering.

N

NAMEPA Beginning Freshmen Scholarship

National Association of Minority Engineering Program
1133 West Morse Boulevard, Suite 201
Winter Park, FL 32789
Tel: (407) 647-8839
Purpose: To provide financial assistance to underrepresented minority high school seniors who are planning to major in engineering.

NMJGSA/JACKIE Robinson Foundation Scholarship

National Minority Junior Golf Scholarship Association
1140 East Washington street, Suite 102
Phoenix, AZ 85034-1051
Tel: (602) 258-7851
Purpose: Financial assistance for college to minority high school seniors who excel at golf.

National Association of Hispanic Federal Executives

Scholarship Foundation Inc.
5717 Marble Arch Way
Alexandria, VA 22315
Tel: (703) 971-3204
Purpose: Financial assistance for college to Hispanic American high school seniors.

National Association of Hispanic Journalists

Scholarship Committee
1193 National Press Building
Washington, DC 20045-2100
Tel: (202) 662-7145
Purpose: Financial assistance to encourage and inspire Hispanic students to pursue careers in the field of print, photo, broadcast or online journalism.

National Early Intervention Scholarship and Partnership Program

Washington Higher Education Coordinating Board
917 Lakeridge Way
P.O. Box 43430
Olympia, WA 98504-3430
Tel: (360) 753-7801
Purpose: Financial and other assistance for college to high school students in designated areas of Washington.

National High School Program of the Hispanic Scholarship Fund

One Sansome Street, Suite 1000
San Francisco, CA 94104
Tel: (877) HSF-INFO Ext. 33
Purpose: Financial assistance to Hispanic American high school seniors in selected cities who are interested in attending college.

National Institutes of Health (NIH)
Undergraduate Scholarship Program
2 Center Drive, MSC 0230
Bethesda, MD 20892
Tel: (301) 496-4000
Purpose: Financial assistance to students interested in pursuing a career in biomedical research.

National Minority Junior Golf Scholarship Association
1140 East Washington St., Suite 102
Phoenix, AZ 85034-1051
Tel: (602) 258-7851
Purpose: Financial assistance for college to minority high school seniors from South Carolina who excel at golf.

Nations Bank Minority Student Scholarship
324 Datura street, Suite 340
West Palm Beach, FL 33401-5431
Tel: (561) 659-6800
Purpose: Financial assistance to minority high school seniors in selected areas of Florida who are interested in preparing for a career in business.

Nevada Hispanic Heritage Day Scholarship Program
Nevada Hispanic Services, Inc.
3905 Neil Road
Reno, NV 89502-6808
Tel: (775)325-7733 Ext. 38
Purpose: Financial assistance to Hispanic Students in Nevada who are interested in going to college.

New Jersey Utilities Association Scholarships
50 West State Street, Suite 1006
Trenton, NJ 08608
Tel: (609) 392-1000
Purpose: Financial assistance to minority high school seniors in

175

New Jersey interested in majoring in selected subjects in college.

Nicholas B. Ottaway Foundation Scholarships
P.O. Box 401
Campbell Hall, NY 10916
Tel: (914) 294-4905
Purpose: Financial assistance for college to minority and other high school students in selected areas of New York.

National Minority Junior Golf Scholarship Association
1140 East Washington street, Suite 102
Phoenix, AZ 85034-1051
Tel: (602) 258-7851
Purpose: Financial assistance to minority high school seniors who excel at golf.

Nevada Hispanic Services Scholarship Fund
3905 Neil Rd., #2
Reno, NV 89502
Tel: (775) 826-1818
Purpose: Financial assistance to Hispanic students of Nevada attending school in Nevada.

Northern California Chevron Merit Award
Independent Colleges of Northern California
62 1st street, room 348
San Francisco, CA 94105-2968
Tel: (415) 442-6542
Purpose: Financial assistance to high school seniors planning to major in business or the sciences at an independent college in northern California.

Northern California Minority Junior Golf Scholarship
8915 Gerber Road
Sacramento, CA 95828
Tel: (916) 688-9120

Purpose: Financial assistance to minority and women high school seniors and college students in northern California.

NTA Science Scholarship Awards Program
National Technical Association
5810 Kingstowne Center, Suite 120-221
Alexandria, VA 22315-5711
Tel: (757) 827-9280
Purpose: Financial assistance to minority students interested in careers in science.

O

Ohio Newspapers Foundation Journalism Scholarships
1335 Dublin Road, Suite 216-b
Columbus, OH 43215-7038
Tel: (614) 486-6677
Purpose: Financial assistance for minority high school seniors in Ohio planning to pursue careers in journalism.

Oklahoma State Regents Academic Scholars Program
500 Education Building
State Capitol Complex
Oklahoma City, OK 73105-4503
Tel: (405) 524-9153
Purpose: Financial assistance to outstanding high schools seniors and recent graduates in Oklahoma.

Orange County Hispanic Education Endowment Fund Awards
Attn: Scholarship Coordinator
2081 Business Center Drive, Suite 100
Irvine, CA 92612-1115
Tel: (949) 553-4202
Purpose: Financial assistance to Hispanic students from Orange County, California.

Oregon Chevron Merit Awards

Oregon Independent College Foundation
121 S.W. Salmon street, Suite 1230
Portland, OR 97204
Tel: (503) 227-7568
Purpose: Financial assistance to high school seniors planning to
major in business or the sciences at an independent college in
Oregon.

Oscar Pentzke Scholarship

Gamma Zeta Alpha Fraternity, Inc.
Attn: Scholarship Committee
385 East San Fernando Street
San Jose, CA 95112
Tel: (408) 297-1796
Purpose: Financial assistance to Latinos and Latinas who are not
or will be attending a 4-year college on a full-time basis.

P

The Padres Scholar

San Diego Padres Baseball Club
P.O. Box 2000
San Diego, CA 92112
Tel: (619) 815-6500
Purpose: Financial assistance to middle-school students who plan
to attend college.

Page Education Foundation Scholarships

P.O. Box 581254
Minneapolis, MN 55458-1254
Tel: (612) 332-0406
Purpose: To provide funding for college to students of color in
Minnesota.

PGA of America Sponsored Scholarships
National Minority Junior Golf Scholarship Association
Attn: Scholarship Committee
1140 East Washington Street, Suite 102
Phoenix. AZ 85034-1051
Tel: (602) 258-7851
Purpose: Financial assistance to minority high school seniors
who excel at golf.

Portland Association of Black Journalists Scholarship
P.O. Box 6507
Portland, OR 97208-6507
Tel: (503) 803-0864
Purpose: Financial assistance to African American and Latino
students in Oregon who are interested in preparing for a career in
journalism.

PPG Scholarship Plus Program
American Chemical Society
Attn: Department of Minority Affairs
1155 16th street, N.W.
Washington , DC 20036
Tel: (202) 872-6250
Purpose: Financial assistance and work experience to minority
high school seniors who wish to pursue a career in a chemically-
related science.

Puerto Rican Chamber of Commerce
Raul Julia Memorial Scholarship Fund
200 South Biscayne Boulevard, Suite 2780
Miami, FL 33131-2343
Tel: (305) 371-2711
Purpose: Financial assistance for college to Puerto Rican high
school seniors in south Florida.

R

RMCH/HACER Scholarship Program
McDonald's Corporation
Kroc Drive
Oak Brook, IL 60523
Tel: (800) 736-5219
Purpose: Financial assistance to deserving Hispanic students in specified states.

Rochester Area Community Foundation
Hispanic Scholarship Endowment Fund
500 East Ave.
Rochester, NY 14607-1912
Tel: (716) 271-4100
Purpose: Financial assistance to Hispanic students in upstate New York who are interested in pursuing postsecondary education.

S

SAE Women Engineers Committee Scholarship
Society of Automotive Engineers
400 Commonwealth Drive
Warrendale, PA 15096-0001
Tel: (724) 772-8534
Purpose: Financial assistance to women and minorities for postsecondary education in engineering.

Safe Passage Educational Scholarship Fund
USTA Tennis Foundation Inc.
70 West Red Oak Lane
White Plains, NY 10604-3602
Tel: (914) 696-7000
Purpose: Financial assistance for college to minority high school seniors who participate in USTA youth tennis programs.

San Jose GI Forum Scholarships
1680 Alum Rock Avenue
San Jose, CA 95116
Tel: (408) 923-1646
Purpose: Financial assistance for Hispanic high school seniors in
Santa Clara County, California.

Sempra Energy Scholarships
555 West 5th street
P.O. Box 513249
Los Angeles, CA 90051-1249
Tel: (213) 244-2555
Purpose: Financial assistance to minority high school seniors
in the southern California area who are interested in pursuing a
postsecondary education.

Shell ACS Scholars Program
American Chemical Society
1155 16th street, N.W.
Washington, DC 20036
Tel: (202) 872-6250
Purpose: Financial assistance to underrepresented minority
high school seniors in selected parts of Texas who have a
strong interest in chemistry and a desire to pursue a career in
chemically-related science.

SNPA Foundation Adopt-a-Student Minority Scholarship Program
Southern Newspaper Publishers Association
P.O. Box 28875
Atlanta, GA 30358
Tel: (404) 256-0444
Purpose: Financial assistance to minority high school seniors in
areas served by member newspapers of the Southern Newspaper
Publishers Association (SNPA) Foundation.

181

Society of Hispanic Professional Engineers (SHPE) Foundation
5400 East Olympic Blvd., Suite 210
Los Angeles, CA 90022
Tel: (323) 888-2080
Purpose: Financial assistance to graduating high school seniors

interested in studying engineering and science.

Spanish Speaking Citizens Foundation
1900 Fruitvale Ave., Suite 1B
Oakland, CA 94601
Tel: (510) 261-7839
Purpose: Financial assistance to Hispanic Oakland, California, residents attending or planning to attend any accredited public or private college.

St. Paul Pioneer Press Scholarship for Minorities
345 Cedar Street
St. Paul, MN 55101-1057
Tel: (651) 228-5007
Purpose: Financial assistance to minority students in the St. Paul area who are interested in going to college to prepare for a career in journalism or business.

Sterling Sentinel Awards
Fort Wayne News-Sentinel
600 West Main Street
P.O. Box 102
Fort Wayne, IN 46801
Tel: (219) 461-8758
Purpose: Financial assistance for high school seniors in selected counties in Indiana.

T

Techforce Preengineering Prize
National Action Council for Minorities in Engineering
350 5th Avenue, Suite 2212
New York, NY 10118-2299
Tel: (212) 279-2626
Purpose: Financial assistance for outstanding minority
high school seniors who are planning to pursue a career in
engineering.

TELACU Scholarship Program
5400 East Olympic Boulevard, Suite 300
Los Angeles, CA 90022
Tel: (323) 721-1655
Purpose: Financial assistance to Latino students in the Los
Angeles area to help build leaders in several areas; teachers,
science or engineering, and the arts.

Telemundo 48 Estudiante del Mes Scholarship
Spanish Speaking Citizens Foundation
1470 Fruitvale Avenue
Oakland, CA 94601
Tel: (510) 261-7839
Purpose: Financial assistance to Hispanic students in Northern
California who are interested in going to college.

U

U.S. Hispanic Leadership Institute (USHLI)
Dr. Juan Andrade Scholarship for
Young Hispanic Leaders
431 S. Dearborn St., Suite 1203
Chicago, IL 60605
Tel: (312) 427-8683
Purpose: Financial assistance to help students obtain a college

education.

V

Vesta Club Scholarships
P.O. Box 13414
Phoenix, AZ 85002
Tel: (602) 278-5839
Purpose: Financial assistance to graduating seniors from
Maricopa County, Arizona.

**Veterans of Foreign Wars of
Mexican Ancestry Scholarship Program**
651 Harrison Road
Monterey Park, CA 91755-6732
Tel: (626) 288-0498
Purpose: Assistance for postsecondary education to Mexican
American students in California.

W

Washington State Tuition and Fee Waiver Program
Washington Higher Education Coordinating Board
917 Lakeridge Way
P.O. Box 43430
Olympia, WA 98504-3430
Tel: (360) 753-7850
Purpose: Financial assistance to needy or disadvantaged
Washington residents who are interested in attending college in
the state.

West Virginia Space Grant Consortium
c/o West Virginia University
College of Engineering and Mineral Resources
P.O. Box 6070

Morgantown, WV 26506-6070
Tel: (304) 293-4099
Purpose: Financial assistance to high school seniors who wish to attend member institutions of the West Virginia Space Grant Consortium to prepare for a career in space-related science or engineering.

William Randolph Hearst Scholarship
National Action Council for Minorities in Engineering
350 5th Avenue, Suite 2212
New York, NY 10118-2299
Tel: (212) 279-2626
Purpose: Financial assistance to minority high school seniors who are interested in preparing for a career in engineering.

Wisconsin Institute of Certified Public Accountants
Attn: Educational Foundation
235 North Executive Drive, Suite 200
P.O. Box 1010
Brookfield, WI 53008-1010
Tel: (414) 785-0445
Purpose: Financial assistance for minority high school seniors in Wisconsin who are interested in majoring in accounting.

Y

Youth Opportunities Foundation
P.O. Box 45762
8820 S. Sepulveda Blvd., Suite 208
Los Angeles, CA 90045
Tel: (310) 670-7664
Purpose: Financial assistance to high school seniors in California based on academic achievement.

Appendix II
Community Organizations

Aspira Association, Inc.
1444 1 Street, NW, Suite 800
Washington, D.C. 20005
Tel: (202) 835-3600
Aspira is a nonprofit organization dedicated to encouraging and promoting education and leadership development among Hispanic youth in the United States.

Ayuda, Inc.
1736 Columbia Road, NW
Washington, D.C. 20009
Tel: (202) 387-4848
Ayuda is a nonprofit, community-based organization that serves the needs of the foreign-born, low-income community by providing high-quality legal services for immigration and domestic violence purposes

Bilingual Private Schools Association
904 S.W. 23rd Avenue
Miami, FL 33135
Tel: (305) 643-4888
Biprisa is an organization dedicated to increasing community awareness of the purposes and principles of bilingual education.

CARECEN (Central American Refugee Center)
1459 Columbia Road, NW
Washington, D.C. 20099
Tel: (202) 328-9799
CARECEN is an organization that provides legal, educational and advocacy services for Hispanics.

Casa Del Pueblo
1459 Columbia Road, NW
Washington, D.C. 20009
Tel: (202) 332-1082
Casa del Pueblo is a community-based organization that serves the educational, social, cultural, self-improvement, and empowerment needs of Hispanics, particularly those who have recently arrived to the United States from parts of Central America.

César Chavez Foundation
634 S. Spring Street, Suite 727
Los Angeles, CA 90014
Tel: (213) 362-0267

Chicanos Por La Causa, Inc.
1112 East Buckeye Road
Phoenix, AZ 85034
Tel: (602) 257-0700

Congressional Hispanic Caucus
1527 Longworth HOB
Washington, D.C. 20515
Tel: (202) 225-2410

El Centro Chicano
University of Southern California
817 West 34th Street, Room 300
Los Angeles, CA 90089-2991
Tel: (213) 740-1480
El Centro Chicano works to promote student retention and development. It serves as a network for Chicano/Latino students to develop their leadership aptitude.

Future Leaders of America
1110 Camellia Street
Oxnard, CA 93030
Tel: (661) 485-5237
The FLA mission is to teach leadership skills and inculcate in Latino youth a deeper understanding and appreciation of responsible leadership in a democratic society.

Hispanic Association of Colleges and Universities
8415 Datapoint Drive, Suite 400
San Antonio, TX 78229
Tel: (210) 692-3805

Hispanic Coalition on Higher Education
785 Market Street, Third Floor
San Francisco, CA 94103
Tel: (415) 284-7220
The Hispanic Coalition on Higher Education was established to represent Latino higher educational interests to federal state and legislative bodies.

Hispanic Scholarship Fund
55 Second Street, Suite 1500
San Francisco, CA 94105
Tel: (415) 808-2302
Toll-Free Number: (877) 473-4636
NHSF provides scholarships for undergraduate and graduate

students of Hispanic heritage.

Latin American Educational Foundation
Peña Business Plaza
924 West Colfax Ave., Suite 103
Denver, CO 80204
Tel: (303) 446-0541
The Latin American Educational Foundation provides partial financing for Hispanic students desiring a college education.

Latino Issues Forum
785 Market Street, Third Floor
San Francisco, CA 94103
Tel: (415) 284-7220

LIF is a nonprofit organization whose purpose is to address major statewide and national issues of concern to Hispanics.

League of United Latin American Citizens
2000 L Street, NW, Suite 610
Washington, D.C. 20036
Tel: (202) 833-6130
LULAC is the largest and oldest Hispanic organization in the country involving and serving all Hispanic nationality groups.

Los Niños
287 G Street
Chula Vista, CA 91910
Tel: (619) 426-9110
Los Niños helps children and families living in marginal communities along the U.S.-Mexico border by providing education programs that focus on family/school nutrition.

Los Padres Foundation
Hamilton Grange Post Office
P.O. Box 85
New York, NY 10031
Los Padres is a nonprofit foundation that provides college tuition support, mentoring, and part-time jobs.

Mexican American Cultural Center
P.O. Box 28185
San Antonio, TX 78228-5104
Tel: (210) 732-2156

MALDEF
Mexican American Legal Defense and Educational Fund
1717 'K' Street NW, Suite 311
Washington, D.C. 20036
Tel: (202) 293-2828
MALDEF is a national nonprofit organization whose principal objective is to protect and promote the civil rights of U.S. Latinos.

Mexican American Unity Council
2300 West Commerce Street, Suite 200
San Antonio, TX 78207
Tel: (210) 978-0500

Multicultural Education, Training, and Advocacy
240 A Elm Street, Suite 22
Somerville, MA 02144
Tel: (617) 628-2226
META is a national organization specializing in the educational rights of Hispanics and other linguistic minorities and migrant youth.

National Association for Chicana and Chicano Studies
Chicano Education Program
Eastern Washington University
Monroe Hall 202, MS-170
Cheney, WA 99004
Tel: (509) 359-2404

National Center for Farmworker Health, Inc.
1770 FM 967, Buda, TX 78610
Tel: (512) 312-2700
The mission of NCFH is to improve the health status of farmworker families.

National Council of La Raza
1111 19th Street, NW, Suite 1000
Washington, D.C. 20036
Tel: (202) 785-1670
The National Council of La Raza is a private, nonprofit organization established to reduce poverty and discrimination, and improve life opportunities for Hispanics.

National Hispanic Institute
Maxwell, TX 78656
Tel: (512) 357-6137
NHI targets top Latino youths in high school and college and conducts creative leadership training to develop students' self-marketing, networking, college planning and organizational development skills.

National Image, Inc.
930 W. 7th Avenue, Suite 139
Denver, CO 80204-4417
Tel: (303) 534-6534
National Image, Inc. is a nonprofit organization committed to promoting equality and opportunity in the areas of employment, education, and civil rights.

National Puerto Rican Coalition, Inc.
1700 K Street, NW, Suite 500
Washington, D.C. 20006
Tel: (202) 223-3915

National Puerto Rican Forum (NPRF)
31 East 32nd Street, 4th floor
New York, NY 10016-5536
Tel: (212) 685-2311

New American Alliance
8201 Greensboro Drive, Suite 300
McLean, VA 22102
Tel: (703) 610-9026
An American Latino business initiative, the New American Alliance is an organization of American Latino business leaders united to promote the well being of the American Latino community.

National Association for Chicana and Chicano Studies
Chicano Education Program, Eastern Washington University
Cheney, WA 99004
Tel: (509) 359-2404
The goal of this association is to build Chicano political, cultural, and educational awareness.

National Society of Hispanic MBA's
8204 Elmbrook, Suite 235
Dallas, TX 75247
Toll-free: (877) 467-4622
The NSHMBA is a nonprofit organization that works to increase the enrollment of Hispanics in business schools.

PRLDEF - Institute for Puerto Rican Policy
99 Hudson Street, 14th Floor
New York, NY 10013-2815
Tel: (212) 739-7516
Toll free: (800) 328-2322

Tomas Rivera Policy Institute
1050 N. Mills Avenue
Claremont, CA 91711
Tel: (909) 621-8897

United Farm Workers Of America- AFL-CIO
National Headquarters
P.O. Box 62
Keene, CA 93531
Tel: (805) 822-5571
Founded by the late César Chavez, the UFW is the largest
organization of farm laborers in the United States.